把你的心，放在軟綿綿的地方

告別執著，
活出不糾結的輕盈人生

小瀨古伸幸——著

人生をゆるめたら
自分のことが好きになった

Foreword 前言

休假結束的週末，心情沒來由地鬱悶浮躁。回想發生了什麼事，原來是和朋友比較後，覺得「為何我總是差人一截」。社群網站上的貼文都是美好華麗的充實生活，看到大家都過著和自己截然不同的生活，心情變得很差，卻又忍不住想看，莫名地度過了苦悶的時光。昨晚也是，超過三點還在瀏覽朋友的社群。

休假過後碰到面，覺得對方神采奕奕。每當這時候就會覺得自卑感加深，什麼話都說不出口。即使想著「稍微保持距離比較好」，又被「或許會被討厭」的想法打消了念頭。無以言喻的微妙感受籠罩心頭，覺得很不舒服。

之後，每次瀏覽社群就感到難受，無法認同自己。

想要改變自己，不知不覺又和某人做比較，甚至有了「自己毫無價值⋯⋯」的負面想法。

　　各位讀者大家好，我是本書的作者小瀨谷伸幸。我是一名護理師，在奈良縣從事精神科的專門居家照護。說到護理師，一般人會想到是在醫院協助治療的職業，但其實除了醫院，任職場所還有其他地方。例如，團體家屋[1]或日間照護等各種設施、行政機構、衛生所、企業職場等，這些只是一小部分。我的工作是針對居家醫療的精神病患進行照護，不是在醫院進行，而是到府訪視病患，進行居家照護。經常有人問「這和心理諮商有何不同？」，我認為差異在於，不只是處理情緒，也要處理病患被精神症狀影響的生活。

---

1. 指於社區中，提供具行動力之失智症者家庭化及個別化之服務。

開頭那段描述是我協助過的某位病患的親身經歷。感覺像是某人的故事，其實並非如此。因為把社群網站換成職場，把朋友換成後輩、同事或上司的話，儘管細節改變，卻有著共通點——「和他人做比較而感到苦惱」。這種苦惱的背景也存在著共通點，那就是「人生處於必須承受壓力或被施壓」的狀態。有時是因為自己的思考或環境所致，又或許是受過傷害的經驗，讓自己處於自我防衛的備戰狀態，當中存在著無法鬆綁人生的僵化心理。

　　為了稍微緩解僵化的心，找出鬆綁人生的方向，駕馭情緒的波瀾很重要。前文那段故事的轉折點正是如此：自己的價值並非社群網站上那些華麗美好的貼文或追蹤人數。和他人做比較，就算輸了也不代表自己的價值降

低。了解這一點就能擺脫壓力，覺得「現在的自己很好」。

模糊的視野逐漸清晰，回到「我很OK」的狀態，這就是我所見到的照護實況。為了讓閱讀本書的人也有相同體驗，我在書中融入平時實踐的照護訊息。

各章節主題將煩惱詳細分類，準備了拓展視野的解說，以及就算心累也能進行的練習。所以即使沒有從頭閱讀也沒關係，可以先翻到目次，從有興趣的部分讀起。反覆多讀幾次能夠防止內耗，培養克服情緒波瀾的力量。那麼，請跟著本書一起找回「OK的自己」。

CONTENTS

前言 ... 002

第 1 章　面對自我困境
我討厭這樣的自己

- **case 01** 我很糟糕，毫無用處 ... 012
  - WORK 和沮喪的自己對話 ... 015
- **case 02** 滿腦子都是壞話或牢騷 ... 016
  - HINT 試著想像心是一個「容器」... 019
- **case 03** 因為壓力什麼都做不了 ... 020
  - WORK 整理應該做的事項 ... 023
- **case 04** 很容易情緒化 ... 024
  - HINT 情緒化時的急救方式 ... 027
- **case 05** 慣性自責 ... 028
  - WORK 發現「做得到的自己」... 031
- **case 06** 做不到想做的事 ... 032
  - WORK 尋找適合自己的休息方法 ... 035
- **case 07** 忘不掉失敗 ... 036
  - WORK 為自己的行動打分數 ... 039
- **case 08** 被情緒牽著走 ... 040
  - WORK 了解「不錯的自己」和「不太好的自己」... 043
- **case 09** 忍不住喝太多酒 ... 044
  - WORK 檢視你的酒癮 ... 047

case 10	總是悶悶不樂	048
	WORK 製作「感情成分表」	051

case 11	老想著反正不會順利	052
	WORK 找出「現在做得到的事」	055

case 12	無法擺脫沮喪	056
	WORK 知道「自己難受時的反應」	059

case 13	內心焦慮靜不下來	060
	HINT 準備能夠靜下心的妙招	063

case 14	總是莫名感到不安	064
	WORK 察覺「好好活著的自己」	067

第2章　他人言行產生的壓力
這件事也是，那件事也是，莫名地很在意

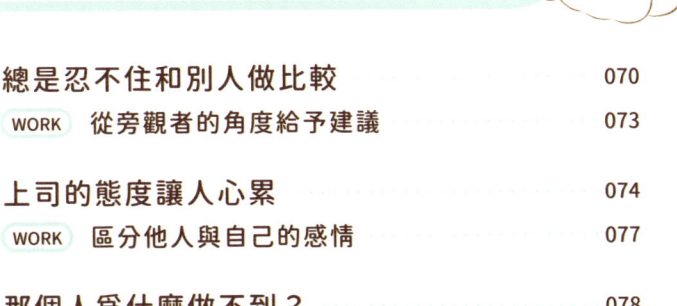

case 15	總是忍不住和別人做比較	070
	WORK 從旁觀者的角度給予建議	073

case 16	上司的態度讓人心累	074
	WORK 區分他人與自己的感情	077

case 17	那個人為什麼做不到？	078
	HINT 好好傳達自己的要求	081

case 18	無法說出想說的話，覺得很煩躁	082
	WORK 讓對話前提一致的三個步驟	085

case 19	因爲固執和人起衝突 ········· 086
	WORK 思考如何告訴對方 ········· 089

case 20	幫不了朋友，感到無能爲力 ········· 090
	WORK 設定「最好」與「最差」的劇本 ········· 093

case 21	討厭被貶低 ········· 094
	WORK 察覺貶低言論的「微不足道」 ········· 097

case 22	指導後輩不順利 ········· 098
	WORK 尋找「不會做太多」的相處方式 ········· 101

case 23	因爲沒有「和別人一樣」而不安 ········· 102
	WORK 了解自己「想和他人相同的部分」 ········· 105

case 24	無法拒絕請託 ········· 106
	WORK 思考「接受的範圍」 ········· 109

case 25	只能選 0 或 100 ········· 110
	WORK 掌握腦中浮現的想法 ········· 113

第 3 章　工作方面的煩惱
人際關係和工作都讓你感到心情煩悶

case 26	工作太忙了，覺得很累 ········· 116
	HINT 換成用 I 訊息的方式傳達 ········· 119

case 27	明明是我才正確！ ········· 120
	HINT 改變觀點，看法也會改變 ········· 123

case 28	工作上總是被否定	124
	WORK 從建設性的意見中學習	127

case 29	卽便辛苦也無法拜託別人	128
	WORK 愼選商量對象	131

case 30	很想拉近距離……	132
	WORK 決定自我揭露的範圍	135

case 31	想休息卻無法請假	136
	WORK 整理責任的範圍與工作的處理方式	139

case 32	工作上沒有獲得認可，提不起勁	140
	WORK 思考自己的工作價值	143

case 33	害怕被人討厭	144
	WORK 尋找「能夠輕鬆往來」的對象	147

case 34	工作做不完，心情沉重	148
	HINT 尋找有助於解決問題的行動	151

case 35	和棘手的人往來覺得心累	152
	HINT 爲了保有「平常的自己」的確認清單	155

後記 ………………………………………………………… 156

第 1 章
面對自我困境

我討厭
這樣的自己

儘管心中有「想變成這樣」的理想目標，偏偏做不到，每天都感到很沮喪。我們在難以接受理想與現實的落差時，往往會過度自責。該怎麼做才能認同真實的自己呢？

case 01

我很糟糕,毫無用處

試著透過練習,
認同真實的自己

有無用處並非你的價值

人類的價值是什麼呢？毫無用處等於毫無價值……換句話說，也可說是「有用處＝有價值」。

可是，真的是如此嗎？「有無用處」並非行為本身，只是結果。

例如，Ａ先生在電車上打算讓座給上了年紀的Ｂ先生和Ｃ先生。下半身虛弱無力的Ｂ先生欣然坐下，Ａ先生幫助了Ｂ先生。

可是，討厭被當成老人家的Ｃ先生覺得很困擾而拒絕，Ａ先生對Ｃ先生毫無幫助。

Ａ先生做的是相同的事，結果卻因為對象的反應而有所不同。把這個當作「價值」似乎有些勉強不是嗎？

價值不是由他人決定，每個人與生俱來都有價值，對某人有無幫助並不會影響我們的價值。

小寶寶出生了，周圍的人會感到喜悅、感動，這並非小寶寶做了什麼有幫助的事，只是因為「出生」是一件很珍貴的事。即使長大成人，我們的價值也和出生的時候毫無改變。

試著去認同真實的自己

覺得自己毫無價值的這種感受，多半和童年時期的經驗

有關。自己的努力不被認同,沒有成果就不會被稱讚,有時是受到家庭或身邊的大人的關係所影響。

能夠認同自身價值與許多原因有關,無法立刻改變。首先,就算是幾秒鐘也好,試著去想「這樣的自己也還不錯」。

人的價值並非「有」或「無」

第一步是重新檢視自己認為的「價值的定義」。價值並不只是「有」或者「無」,請試著想像從白色到紅色的漸層色彩。

全白或全紅是極少數的人,大部分的人都屬於粉紅色的區塊,顏色的濃度和價值的高低無關,淺粉色或深粉色各有各的美。

好好注視自己,察覺自己能夠做到的事。 找到自己的顏色,感受那個顏色的美麗。

WORK

和沮喪的自己對話

依照步驟 ① ~ ②，試著溫柔地接觸沮喪的自己。

① **爲感到「沒價值的自己」取個名字。**
〔例〕小無

② **試著和那個自己說說話，閒聊也沒關係。**
〔例〕「早安，小無，你有聽到我說話嗎？」

小無心情沮喪、哭泣的時候

小無　○
- 你怎麼了？
- 有什麼我可以幫上忙的嗎？
- 今天天氣很好呢。

自己　△
- 不可以爲了這點小事哭喔。
- 已經是大人了，這樣很丟臉。

POINT

起初會覺得自己像在演戲一樣很滑稽，但是會聽到這些話的人只有你自己，所以對小無說的話，其實是認同自己的話語。

case 02

滿腦子都是壞話或牢騷

在負面感情快要滿溢之前，清除那些感情

真的不可以說壞話或發牢騷嗎？

忘不掉討厭的事，就算想轉換心情，腦子裡浮現的都是壞話或牢騷……這時候會覺得心情很煩悶對吧？

長大之後，我們會覺得把別人想得很壞或發牢騷是「不好的事」，能忍受討厭的事，經常和善待人才是了不起的大人，社會上也普遍存在這樣的價值觀。

因此，對於想發牢騷的自己會覺得「很糟糕」，更加深內心的煩悶。

==這時候，你不必為了成為了不起的大人刻意忍耐，而是要讓內心變得舒服。==

清除負面的念頭才能容納新的想法

假設人心是一個「容器」，好比容量只有200ml的玻璃杯，倒了300ml的水就會溢出來，我們的心也有固定的容量。

試著想像內心這個容器充滿負面的念頭，在這樣的狀態下就無法容納新的想法，當務之急是要把充滿內心的負面想法淨空！

清除負面想法的方法其實很簡單，坦率說出你的感受即可。如果是輕微的抱怨牢騷，可以告訴身邊的人，但有些事

難以向他人啟齒,這時候最好的方法是「書寫」。

反正不會給別人看,寫什麼都可以,就算是寫別人的壞話也不必覺得有罪惡感。此時有個重點,那就是必須毫無保留地寫出來。

==寫到你覺得「已經想不出任何壞話」的時候,你的內心就已經有了充裕的空間,可以容納新的觀點或感受==。這麼一來,也能站在對方的觀點去思考事情,像是「不過,上司也是對我有所期待才會那麼嚴格吧」。

心的容量因人而異,沒有好壞之分

心的容量因人而異,並不是容量小不好,容量大就很好。擅長整理的人,就算住在狹窄的房子也能住得很舒服對吧?對待內心的方式也是如此。

重要的是,保有隨時能夠容納新想法的空間。了解自己內心的容量,提醒自己在負面想法滿溢之前,就要清除那些想法。

HINT

試著想像心是一個「容器」

透過下圖確認從「心」這個容器清除負面想法的情況。

內心充滿負面想法的時候

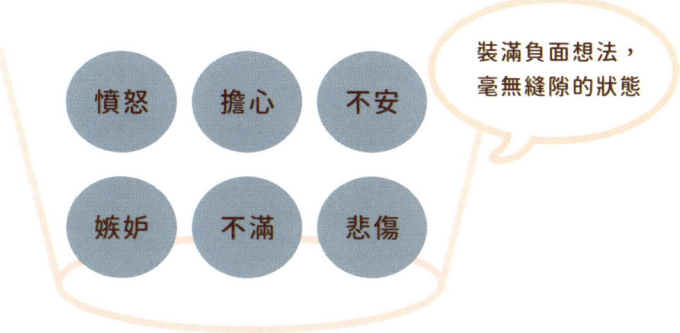

- 憤怒
- 擔心
- 不安
- 嫉妒
- 不滿
- 悲傷

> 裝滿負面想法，毫無縫隙的狀態

清除了負面想法之後

- 憤怒
- 希望
- 感謝
- 嫉妒
- 不滿
- 悲傷
- 不安
- 擔心

> 清空的部分得以容納正面想法的狀態

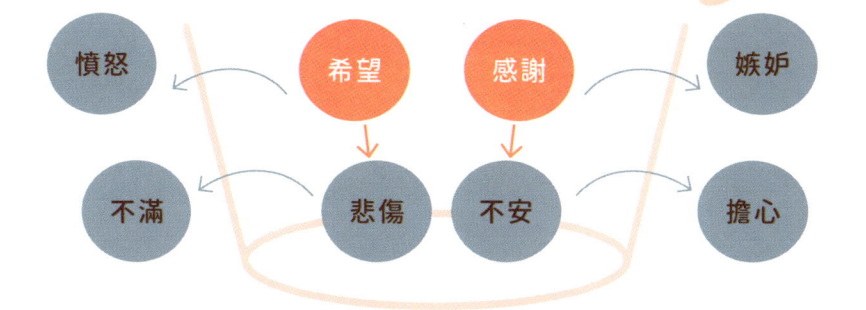

case 03

因為壓力什麼都做不了

這或許是你必須 「休息一下」的信號

正面的變化也會成為壓力

壓力及其影響經常被比喻為氣球，擠壓膨脹的氣球會變形對吧？這時候，手的擠壓就是壓力。因為壓力而變形的氣球就是感到有壓力的內心。

一般人認為「壓力＝難受的事」，其實任何事都會成為壓力。對內心會造成壓力的是「變化」。**不只是負面的變化，讓你覺得開心或快樂的事有時也會成為壓力。**

內心的強度是一種「韌性」

經常會聽到「內心堅強」、「內心脆弱」這樣的說法。「堅強」讓人聯想到「堅定牢固」，但內心的強度和這個感覺不太一樣。

就像筆直堅挺的樹枝和軟趴趴的柳枝，乍看是樹枝比較堅固，可是遇到強風或下雪時，堅固的樹枝耐不住強風或積雪而被折斷，柳枝卻不易折斷。有句話說「柳樹不為積雪折」（柔能克剛），即使被風吹得用力彎曲，還是能夠恢復原本的狀態。

為了保護你的心，像柳樹那樣柔韌才是理想狀態。人活在這世上很難完全沒有壓力，因此「內心的強度」應該是擁有被強風吹襲也不易折斷的韌性。

遭遇複數的變化，壓力也會變大

　　沒來由地感到疲倦、提不起勁、莫名心情沮喪、腦子一片空白……這時候或許就是樹枝彎折快被折斷之前的狀態，當務之急是減少施加在樹枝的壓力＝心理壓力。

　　先試著回想最近的「變化」。壓力容易變大是遭遇複數的變化，好比「結婚＋轉職」。尤其是開始做一件新事情的三個月內出現別的變化時，內心的負擔會變大。

　　適應壓力的能力因人而異，心裡感到疲勞，也許是對你而言發生了太多變化。此時不是要展現毅力撐下去，可以試著減少工作或家事等每天要做的事。

　　等到精神、體力有餘裕的時候，應該就能漸漸進入狀況。藉由自我調整的經驗能夠增加內心的韌性，提高適應壓力的能力。

WORK
整理應該做的事項

依照步驟 ① ～ ③，整理日常事務，減輕身心負擔。

① 思考現在必須做的事。

[例]

家事
- 打掃廚房
- 洗衣服
- 準備飯菜
- 倒垃圾

工作
- 製作會議資料
- 支援後輩的工作
- 影印明天的會議資料
- 回覆電郵

② 從當中選出就算不做也能維持身心健康，不會影響生活，或是可以拜託別人做的事。

[例]
- 打掃廚房
  理由　現在不做也OK
- 洗衣服
  理由　還有衣服穿，所以沒關係

- 支援後輩的工作
  理由　交給後輩獨自處理應該沒問題
- 影印明天的會議資料
  理由　請工作人員幫忙印

③ 將剩下的事項排序。

[例]
1. 準備飯菜
2. 倒垃圾
4. 製作會議資料
3. 回覆電郵

POINT

進行步驟 ③ 的時候，排序是和維持身心健康或日常生活有關的事為優先。例如七小時以上的睡眠、一天兩次以上的進食、輕度運動、工作空檔的休息時間等，像這樣調整日常事務。

case 04

很容易情緒化

準備好專屬於你的急救方式

壓抑湧現的感情，心裡變得不舒服

我們的內心會有憤怒或悲傷、喜悅等各種感情，感情會透過表情或動作顯現出來。這些反應與大腦內部的邊緣系統（掌管喜怒哀樂等情緒的部位）有關，無法用意志力控制。

也就是說，發怒的瞬間露出生氣的表情是自然反應，但在那之後，多數人會視情況調整感情的表現方式。

即使是相同的體驗，產生的感情種類或強度因人而異。如果每個人都依照感情採取行動，就會產生許多糾紛。

然而，如前文所述，感情無法靠意志力控制，即使很努力地「壓抑感情」也沒辦法。假如一直持續下去，抑制自然湧現的感情，內心會感到不舒服。那麼，該怎麼做才好呢？**我們能夠做的是，如何處理內心萌生的感情。**

通常對人際關係會造成影響的是負面的感情，為了能夠順利處理那些感情，事先備妥處理方法很有效。

先決定好感情高漲的時候，應該採取什麼行動

最好的方法是離開現場，例如看了上司的來信覺得很煩躁，一直待在電腦前只會更心煩。如果可以的話，先關掉電腦離開座位，起來走一走，做做伸展操。

離開現場能夠讓你和感到煩躁的原因保持距離。做伸展

操可以暫時把注意力轉移至身體，有助於恢復冷靜。

　　沒辦法離開現場的話，閉上眼睛數到五或深呼吸，試試看在任何環境都能做到的方法。

　　尋找處理方法的重點是，不必思考「馬上就能做到的事」。若是苦思許久才想出來的方法，在感到焦躁煩悶的時候很難採取行動。像是「覺得火大的時候深呼吸」，多列出幾個在緊要關頭「不必思考馬上就能做到的處理方法」。

　　不過，有一件事要注意。「捶牆壁」、「丟東西」等暴力行為，也許會讓你瞬間感到心情舒暢，但一再重複，行為會變得激烈。所以**請提醒自己採取「平靜的處理方法」，像是離開現場、默數等。**

HINT

情緒化時的急救方式

感到情緒高漲的時候,適合自己的處理方法。

建議的急救方式

- 身體的某部分出力,維持五秒後放鬆
- 緊握柔軟的球等物體
- 觸摸、輕撫自己的身體(膝蓋、手腕、手等)
- 閉上眼睛數到五
- 手放在胸口,慢慢地深呼吸
- 抱住布偶或柔軟的物品
- 不要馬上回信或回答,離開現場

最好避免的急救方式

- 丟東西
- 謾罵他人
- 捶打、掐捏自己或物品
- 喝悶酒

POINT

自殘或喝酒等具成癮性的處理方法會變得越來越激烈,請盡可能避免。提醒自己選擇不傷害自己也不傷害他人的急救方式。

case 05

慣性自責

你擁有
無形的成果

不要凡事都覺得「是我的錯」

工作上遭遇小失敗，如何接受那樣的結果因人而異。有些人會覺得「糟了搞砸了，不過算了，每個人都會失敗嘛。嘿嘿」，有些人則是想成「記住今天的失敗，下次不要再犯」。

認清失敗的原因，有所改善很重要，但**透過反省而自責反而會感到更痛苦。**

失敗的原因是資料確認不充分，只要再仔細一點就好了。昨天加班應該要確認才對，都怪我不該偷懶……一切都歸咎於自己，即使是小失誤也會變得很嚴重，然後把自己逼入絕境。

「刻板思考」讓視野變得狹隘

慣性自責是「應該～」的「刻板思考」所致。刻板思考是出自於「答案只有一個」的自我成見。

工作上全力以赴是唯一的正確答案，即使付出了99％的努力，還是少了1％！所以，失敗的時候就會有「偷懶的自己很糟糕」這樣極端的想法。這麼一來，視野自然會變得狹隘。

不過，環顧這世上，正確答案只有一個是很少見的情況。對工作全力以赴，當然沒有不對，但是適度的努力也沒有錯。

然而，受制於「刻板思考」進行自我評價，認定自己想出來的正確答案才是唯一基準。於是，不管結果如何，都會因為那個正確答案變成扣分的結果。

察覺自己「做得到的部分」也很重要

受制於「刻板思考」，有時會覺得「自己很糟糕」。如果你給自己的分數是100分，沒有達到就是0分。可是，仔細確認事實，從他人的角度來看已經到達及格標準。

試著做做看第31頁的練習，從事實中「察覺自己做到的部分」。

稍微知道自己做到哪些事，就能擺脫無止境的自責，容易產生「現在開始該怎麼做」的想法。

WORK

發現「做得到的自己」

依照步驟 ① ～ ④，試著關注自己沒發現的成果。

① 舉出感覺自己「沒做到」的事。

> 例　花很多時間做資料，讓前輩也跟著加班。

② 如果自己的理想是 100 分，① 舉出的事項大概是幾分？　　例 **20** 分

> 因為自己的能力不足，給前輩添麻煩，覺得很抱歉。

③ 根據 ① 舉出自己「有做到的事」，再小的事也沒關係。

> 例　做了仔細的確認，所以數字沒有錯誤。前輩說「讀起來很清楚」。

④ 重新評分 ① 舉出的事項。　　例 **60** 分

> 能夠持續仔細地做一件事也許是自己的優點。

case 06

做不到想做的事

補充能量，
為行動做好準備

能夠馬上開始做想做的事的方法

想做的事很多，到了關鍵時刻，卻在家裡磨磨蹭蹭，每個人都有過這樣的經驗。為了去做想做的事，有個小訣竅，那就是<mark>預先備妥能夠馬上採取行動的方法。</mark>

例如，喜歡旅行的人，雖然不知道何時能夠成行，但預先做好行程表，在「想去旅行」的時候就能用到。決定好目的地，調查交通工具、住宿地點、要吃什麼……光是做這些就會覺得心情雀躍。只要做好準備，突然可以休假的時候，就能毫不遲疑立刻出發。

如果是日常生活中的事，先決定好「何時要做」也很有效。以我的情況來說，是閱讀時間。決定好「晚上九至十點閱讀」後，一個月閱讀的書本數量就倍增了。

有時要做想做的事之前必須充電

沒辦法做想做的事，可能是因為休息不夠。心理或身體缺乏能量，很難產生積極的意願。這時候暫時擱下「想做的事」，先休息充飽電。

雖說是「休息」，如果躺著卻煩惱著工作的事，這並不是休息。重要的是，讓心休息。首先，必須思考適合自己的休息方式。

對我來說，關掉手機，外出散步約十五分鐘，感受室外的空氣或景色，或是倒杯咖啡享受香氣是很有效的方法。雖然不是躺著休息，但因為內心受到刺激、獲得休息，產生「充電完成！」的心情。

過去總想著「休息很浪費時間」，採取達到成果的行動。不過，==有意識地讓自己休息，確實感受到擁有充電的時間，效率會更好==。現在即使忙碌，我也會保留散步的時間。

重新檢視「真正想做的事」也很有效

做好開始的準備，能量也很充足，但就是提不起勁。這時候可能是「想做的事」並非真心所願。好比「想去旅行」的情況，目的也是因人而異，有些人是想觀光，有些人是想體驗非日常的生活。

若是想體驗非日常的生活，到主題樂園體驗童話般的世界，或是到附近的高級餐廳感受上流人士的氣氛也不錯。試著重新思考真正想做的事是什麼，也許會靈光乍現。

WORK

尋找適合自己的休息方法

依照步驟 ① ～ ③，檢視「休息方法」，
找出適合自己的休息方法。

休息前

① **想要怎樣的休息？**

　　　　　　　同時兼顧工作與家庭的人
[例] 告知家人後，去圖書館翻閱喜歡的書。

休息後

② **舉出休息後，察覺到的事。**

[例]
- 去了圖書館，暫時忘掉工作，能夠專心閱讀。
- 感受喜愛的小說的世界，轉換心情。
- 因為已經告訴家人理由，可以毫無顧慮地放鬆閱讀。

③ **思考接下來想要怎樣的休息。**

[例] 事先告訴家人那是屬於你的時間，每個月找一天去圖書館。

case 07

忘不掉失敗

有時也必須著眼於「做到的事」

爲行動打分數，讓思考變得冷靜

難得家人幫忙摺洗好的衣服，卻因為摺得很隨便感到煩躁，你有過這樣的經驗嗎？為什麼會有這樣的感受呢？因為比起「做到的事」，我們更容易去關注「沒做到的事」。

不過，這樣的傾向太強烈的話，會讓你陷入完美主義或「刻板思考」。被「不～不行」、「應該～」的自我規則束縛，一點小事沒做到就會感到沮喪……很可能陷入這樣的負面循環。

被「沒做到的事」束縛感到難受的時候，請試著進行後面的練習。首先，為在意的失敗打分數。接著尋找分數高一點的事情，例如下單錯誤是滿分100分中的10分，那麼15分的事是什麼呢？

試著關注失敗以外的事

從起點去思考一件分數較高的事，這才是重點。無法脫離反省和沮喪的心情，是因為只關注失敗這件事。因此，首先要把「做到了某件事的自己」送進被「失敗糟糕的自己」填滿的內心。這麼一來，對失敗的關注度會下降，心情也會稍微放鬆。

因為某件事做不好，開始自我反省的話，試著找一找分

數較高的事。持續這麼做下去，你應該就能著眼於「做到的事」。

克服打擊的必要過程

　　進行反省之前，或許滿腦子都是失敗的打擊。因此，要先了解回溯受到打擊的內心的過程。

　　受到打擊時，最先感受到的是「做不好的自己很糟糕……」這樣的悲傷情緒。接著會出現「都是部長的指示不好」像這樣保護自己的防衛機制。透過這樣的回溯，終於能夠接受且適應現況。

　　內心的變化是任何人都有的自然反應，刻意壓抑反而會被打擊拖住。

　　感到悲傷，想為自己辯解是適應打擊的必要之事，了解這些就不需要為了自己的反應不安或煩惱。

WORK

為自己的行動打分數

依照步驟 ① ～ ③，試著以客觀的角度看待自己的行動。

① 以100分為滿分，為感到失敗的事打分數。　　例 **30**分

> 弄錯和客戶見面的時間，比預定時間遲到了十五分鐘左右。

② 設定比 ① 稍微高一點的分數，尋找符合分數的行動。　　例 **35**分

> 現在我正在反省並思考之後的對策。

③ 設定比 ② 稍微高一點的分數，尋找符合分數的行動。　　例 **40**分

> 為了不再重蹈覆徹，確認明天的預定。

POINT

最後的分數不是100分也沒關係，只要能想出一項比 ① 的狀態分數略高的行動即可。不要只關注失敗，找出進行反省、試圖改善的自己。

case 08

被情緒牽著走

不要否定情緒的波動！
試著稍微隨波逐流

控制情緒也有極限

當情緒出現波動時，能夠控制波動是最理想的狀態，但那麼做也有極限。因為感情的萌生無法靠意志力控制（請參見第25頁）。

那麼，該怎麼做才好呢？最好的做法是，接受情緒有波動，思考如何行動。

試著回想「不錯的自己」

因此，了解「不錯的自己」和「不太好的自己」會有所幫助。請依照後面的練習，寫出在各自狀態下產生的變化或感受到的事情等。

順帶一提，說到「不錯」的感覺，像是開朗陽光、健談、笑咪咪、活潑、幽默、理性、沉穩⋯⋯等，不只是情緒高昂，而是指即使是平時的自己會覺得「感覺不錯喔」心情好的狀態。另一方面，「不太好」的感覺是沉默寡言、焦躁、健忘、不想和人說話等。

覺得有在意的事情時，試著回想寫出來的事項，檢視自己現在的狀態。如果出現「不太好的自己」，試著思考怎麼做能夠回到「不錯的自己」。喝好喝的咖啡、抱抱寵物、去喜歡的公園⋯⋯將那些能夠讓你感到心情放鬆的各種事物當

作「工具」。在感覺不太好的時候，為了回到感覺不錯的狀態，多準備一些這樣的工具。

順帶一提，對我來說最棒的工具是公路車。就算沒有騎公路車，專注欣賞零件、輕輕擦拭，就會讓我感到「很不錯」。

選擇「工具」時要注意的事

雖然使用什麼「工具」都可以，但選擇的時候還是有需要注意的事。例如，用秘密帳號在社群網站發表謾罵的言論，將這個當作「工具」的話，確實暫時會覺得心情舒暢，也許能夠回到「不錯的自己」。

但是，如果有批評或惡意的留言，你會覺得如何呢？心裡很受傷，反而退回到「不太好的自己」。

選擇「工具」時，以長遠的眼光好好思考，使用後是否能確實調整混亂的身心很重要。請盡可能避免在持續使用的過程中，可能會傷害自己的工具。

WORK

了解「不錯的自己」和「不太好的自己」

依照步驟 ① ～ ②，試著舉出能夠接近「不錯的自己」的工具。

① 盡可能思考「不錯的自己」與「不太好的自己」是怎樣的狀態。

[例]

不錯的自己	不太好的自己
自然而然露出笑容	無法忽略別人說的某句話

② 盡可能具體地舉出讓「不太好的自己」能夠接近「不錯的自己」的工具。

[例]
- 去喜歡的咖啡廳吃甜點
  效果 前往咖啡廳的時候，心情變好
- 不加班去按摩
  效果 擁有自己的時間，消除身體的疲勞
- 專心打掃房間
  效果 打掃房間，同時整理思緒

case 09

忍不住喝太多酒

比起意志力，打造預防飲酒過量的環境

持續飲酒過量會對身體造成嚴重的影響

喝酒能夠放鬆心情，忘掉討厭的事，可是持續喝酒會增加酒精耐受性，變得不容易醉，不知不覺飲酒量就會增加。

儘管有句話說「酒是百藥之長」，但那是指適量飲酒的情況，如果慣性飲酒過量，沒喝酒就覺得不舒服，就會產生酒癮。假如長年持續過量飲酒，對身體會造成嚴重的影響。

許多人就算沒被診斷出有酒精成癮，卻都有飲酒方面的問題，了解自己的適當飲酒量，正確飲酒很重要。

因為孤獨感或疲勞而喝酒要注意

雖然平常喝酒前不會去思考「為什麼要喝酒？」，但請你試著想一想，若是**為了緩解孤獨感或疲勞，或是消除憤怒或煩躁，這時候就必須注意。**

這些難受的感覺，因為酒精而緩和只是暫時的效果，等到酒醒又會恢復。為了尋求緩解又喝酒……重複這樣的循環，結果變成慣性飲酒過量，弄壞身體。另外，為了排解無聊，喝酒打發時間也是要盡可能避免的事。培養興趣、做家事、從事義工活動等，在生活中充實自己的時間也很重要。

爲了減少飲酒量，打造「喝不了酒的環境」

喝太多酒的徵兆之一是失去記憶，不記得去了哪家店、不知道怎麼回家，像這樣記憶徹底消失的話，就是飲酒過量的證據，請當作重新檢視喝酒方式的契機。

為了減少飲酒量，不能只憑藉意志力，整頓環境很重要。如果要在外面喝酒的話，先決定好回家的時間。具體來說，在手機設定鬧鐘或是請家人打電話叫你回家。如果是在家裡喝酒，不要先買酒囤放在家裡，**打造不會飲酒過量的環境很重要**。

如果還是抑制不住想喝酒的心情，請試試看後面的練習，檢視你的「酒癮」，進而提升抑制酒癮的自信。

WORK

檢視你的酒癮

依照步驟 ① ～ ⑤，檢視你想喝酒的渴望度。

① 現在想喝酒的渴望度是幾分。

例｜0　10　20　30　40　50　60　70　80　⑨⓪　100
不喝酒設法解決　　　　　　　　　　　　　　無論如何都想喝

② 不喝酒也沒關係的自信是幾分。

例｜0　10　20　③⓪　40　50　60　70　80　90　100
如果現在有酒一定會喝　　　　　　　　　就算現在有酒也不會喝

③ 回想能夠消除「想喝酒」的念頭的經驗。如果沒有經驗，請進行 ④ 。

例｜瀏覽 YouTube 看喜歡的搞笑藝人的影片，轉換心情、把平常喝的啤酒換成無酒精啤酒。

④ 參考 ③ 的經驗，思考能夠消除酒癮的方法。

※ 如果在 ③ 沒有能消除「想喝酒」的念頭的經驗，想想看有什麼方法可以提高 ② 不喝酒也沒關係的自信分數。

例｜在 YouTube 尋找新的搞笑藝人的頻道。

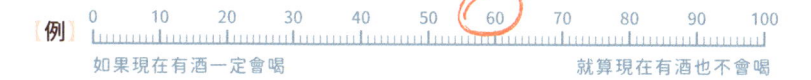

⑤ 針對不喝酒也沒關係的自信重新打分數。

例｜0　10　20　30　40　50　⑥⓪　70　80　90　100
如果現在有酒一定會喝　　　　　　　　　就算現在有酒也不會喝

case 10

總是悶悶不樂

試著分析
悶悶不樂的成分

即使忽視感情也無法當作沒那麼一回事

嘴上說忙卻和同事去喝酒的男（女）朋友，在一起的時候很開心，但總覺得有點⋯⋯雖然不是「超煩！」的程度，但心裡不舒暢的「煩悶感」實在有點困擾。就算想告訴對方也無法好好表達，不知道該怎麼處理。

因此，最常見的做法是視而不見。可是，假裝沒看見，已經萌生的感情不會消失，只會不斷累積。

了解煩悶的真相，就會感到心情舒暢

想要擺脫煩悶的不悅感，了解煩悶的真相很有效。透過後面的練習，找出接近自己現在心情的感受，寫出比例。

進行這個練習就能了解內心煩悶的成分，像是「寂寞70％＋嫉妒30％」。原本搞不清楚的煩悶感，有了「寂寞」或「嫉妒」的明確感受，就能客觀看待自己，同時也能思考引起那些感受的原因。

分析煩悶感的成分，就像身體不舒服時量體溫那樣，知道體溫是38度，就會明白身體的疲倦是發高燒引起。然後為了讓身體休息，就會知道要進行身體的療護，像是吃退燒藥等。不過，不確定原因「擱著不管」，難受的感覺會持續增加。如果以為「去運動轉換心情就會變好」，做了錯誤的

處理反而會讓症狀惡化。

當然就算知道發燒,疲倦的症狀依然存在。可是知道疲倦的原因,就能做出適當的緩解處置,容易想出處理的方法,進一步改善狀況。

要不要把你的感受告訴對方,由你決定

知道煩悶的成分後,建議把那個感情告訴對方。試著用以「我」為主語的「I訊息」(請參見第119頁)告訴對方,例如「我啊,因為和你相處的時間很少,覺得很寂寞」。

假如不想說或沒勇氣說,也不必勉強告訴對方。不過,就算沒說,也要想成是「總有一天會說,只是現在不說」。**讓自己知道處理這個感情的主導權「不是對方,是我自己」。**

這麼一來,自然會產生「我已經知道內心煩悶的真相是什麼,等我覺得可以說的時候,再告訴對方」的想法。有了這樣的意識,即使對對方的行為感到煩悶,因為已經備妥解決方法,內心也會變得有餘裕。

WORK

製作「感情成分表」

依照步驟 ① ~ ③，尋找煩悶感的真相。

① 從下表選出符合你現在感情的感受。

不安	憂鬱	憤怒	罪惡感	害羞	悲傷	困惑
興奮	恐懼	不耐煩	擔心	自豪	熱衷	恐慌
不滿	神經質	厭煩	受傷	愉悅	失望	震怒
害怕	開心	焦慮	屈辱感	安心	愛情	寂寞

② 在 ① 選出的感情各自占整體的幾%。

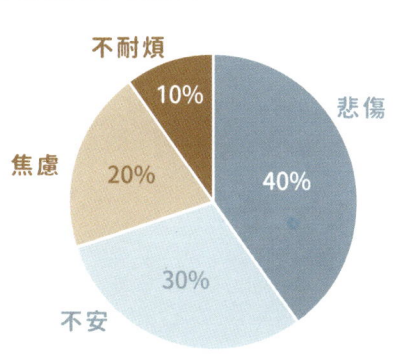

[例] 悲傷 ………… 40%
　　 不安 ………… 30%
　　 焦慮 ………… 20%
　　 不耐煩 ……… 10%

③ 如果要告訴對方這些感受，想一想該怎麼說。重點是以比例高的感情為優先，用 I 訊息的方式傳達。

[例]「我覺得有點難過，心情沮喪」

case 11

老想著反正不會順利

比起「做不到的過去」，應該著眼於「現在」

負面記憶有時會被擴大解讀

　　Ａ先生下載了婚配app卻沒能遇見好對象，Ｂ先生知道這件事後，想把朋友介紹給他，但Ａ先生說「反正不會順利」而予以拒絕。

　　婚配app和朋友介紹對象是截然不同的兩件事，但Ａ先生卻做出「不會順利」的結論，<mark>因為他只憑藉過去的經驗評論現在的自己。</mark>

　　過去發生的是「使用婚配app沒有成功」，理由可能是app的服務不周全，或是剛好沒有遇見適合的對象。

　　然而，Ａ先生心裡只留下了「婚配不成功」的負面記憶。他甚至把這個經驗擴大解讀，認為自己和異性無法順利交往。

找出「現在做得到的事」

　　因為負面記憶導致心情沮喪，使得我們被失敗的經驗拖住，這時候更不該陷入負面的思考。為了不被過去的經驗束縛，重要的是關注「現在」。基本上就是「做現在做得到的事」。雖然沒有馬上和Ｂ先生的朋友約會的念頭，但可以向Ｂ先生打聽，了解對方哪些地方可能和自己合得來，作為今後的判斷依據……可以這麼做對吧？

當互動的人或狀況改變，會有很多現在做得到的事，關注那個部分就不會被過去束縛，能夠往前邁進。

就算不是滿分，50分和0分是截然不同的兩回事

做「現在做得到的事」時，有一件事要注意，那就是不要以100分為目標。即使是朋友的介紹，有時交往也不會如自己的預想般順利。以分數來說，即使是50分左右，一旦有了「拿不到100分就算了」的放棄念頭就會回到原點。於是，又被過去束縛，為了躲避失敗放棄挑戰。這麼一來，可能會讓自己的自信或自尊受損。

以100分為目標的話，只會去關注無法達標的「做不到的自己」，持續下去根本無法跨出一步去做「現在做得到的事」。

==做了做得到的事，拿到的50分具有朝未來前進一公厘的正面價值。==這種正面價值的累積，會產生今後挑戰新事物的自信。

WORK

找出「現在做得到的事」

依照步驟 ① ～ ③，找出現在做得到的事。

① **舉出覺得自己「做不到的事」。**

[例] 成為領導者，帶領團隊。

② **針對 ① 這件事，思考自己「努力也做不到的事」（極限）。**

[例] 身邊都是能力比自己好的人，覺得帶領團隊是吃力的事。

③ **思考現在能夠做的事。**

[例]
- 因為擅長傾聽，可以聽成員們說話，告訴他們各自的優勢。
- 因為擅長分析人的類型，可以分配符合成員特質的工作。
- 現在應該可以馬上記住新工具的用法，試著請成員教我怎麼用。

POINT

② 提到的「極限」，具體來說是像「一天無法達成、無法改變」的事，例如不擅長在大眾面前說話的人，很難在一天之內有所改變。那就試著從其他擅長的事，或能夠馬上做到的事之中選出「現在做得到的事」。

case 12

無法擺脫沮喪

了解「難受時的自己」已是往前邁進一步！

簡單的感情，想得越多會變得越混亂

憤怒或恐懼等簡單的感情是瞬間爆發而出，在廚房看到蟑螂的瞬間會發出尖叫聲便是最佳的例子。

然而，「沮喪」是想東想西的結果而導致。例如發現工作的失誤時，你會突然感到沮喪嗎？通常最先感受到的是驚慌或不安對吧？

然後，在不斷思索失誤的過程中湧現各種情緒，對於自己疏忽大意的後悔或不夠仔細的懊悔等。於是，陷入「完蛋了……」的沮喪情緒。即使起因是很簡單的感情，沮喪的時候混雜了各種感情，通常會不知道自己的實際感受是什麼。

預先知道自己難受時的反應

為了緩和沮喪的情緒，預先知道自己在負面感情時的反應會有所幫助。雖然有點難受，請試著回想過去發生討厭的事的情況，寫出那時的心情和自己的狀態。情緒產生很大的起伏時，有時會有出乎意料的反應。不是簡略地寫下「很難過哭了」，而是具體列出身體和心理的反應，像是聲音發抖、掉眼淚、隔天請假等。

即使是同一種感情，「和情人分手的悲傷」與「被上司斥責的悲傷」，感受的方式和反應的表現方式也不同，盡可

能整理好想到的反應。

透過反應的預測,縮小不安

知道自己常有的反應並不會消除難受的感覺。哭泣的時候會感到悲傷,聲音發抖的時候或許是因為緊張或憤怒。不過,預先知道自己在負面感情下產生的反應,之後遇到類似的情況就能預測自己可能會發生的事。

例如受到打擊時,心裡能夠做好準備,「我會變得忐忑不安,無法好好思考」;或是知道「這幾天可能會睡不好」、「因為難過吃不下」,預先留意身體狀況。只要是預料之內的反應,即使難受的感覺一直持續,內心的不安或驚慌會比較輕微,容易控制行動。

WORK

知道「自己難受時的反應」

依照步驟 ① ～ ②，預測自己在難受時的反應。

① 回想過去難受的情況。

② 針對 ① 思考那時的感情或想法、身體出現的反應等。

參考　感情或想法的範例

不安、憂鬱、憤怒、罪惡感、害羞、悲傷、困惑、興奮、恐懼、不耐煩、擔心、自豪、熱衷、恐慌、不滿、神經質、厭煩、受傷、愉悅、失望、震怒、害怕、開心、焦慮、屈辱感、安心、愛情、寂寞等。

參考　身體出現的反應

心跳加速、頭痛、太陽穴抽痛、頭部感到緊縮（緊縮性頭痛）、發呆恍神、眩暈、腳步不穩、流汗、手腳發抖、背痛、肩膀痠痛、臉發熱、臉色蒼白、聲音顫抖、呼吸困難、呼吸急促、呼吸變淺、昏倒、身體無力等。

[例]

難受的情況	感情或想法	身體出現的反應
下單失誤，被客訴。	遭到斥責，很害怕。	心跳加速，很想哭。

POINT

如果因為回想那件事，讓你的感情有所動搖，請先暫停練習。

case 13

內心焦慮靜不下來

試著整理應該做的事，排出優先順序

重要的事往後延會感到心神不寧

其實沒有很多要做的事卻感到焦慮，也許是因為沒有排好優先順序。把應該先做的事往後延，就會覺得「今天要做這個，也要做那個」而感到焦慮。

以我的情況來說，工作的優先順序分為Ａ、Ｂ兩種。Ａ是「不重要的急事」，Ｂ是「不急的要事」。

在這兩種工作之中，要優先處理的是Ｂ，<mark>因為做完重要的事就能安心去做其他的事。</mark>

如果順序顛倒，可能會變成花時間處理瑣碎的Ａ，到了傍晚才開始做Ｂ。這麼一來，因為沒有充足的時間，重要工作的完成度也會變低。而且，想到還有重要的工作沒做，做其他事的時候也會精神恍惚、無法集中對吧？

與其努力不焦慮，先做好事前準備

感到焦慮的時候，更要冷靜備戰採取行動。這時候有效的方法是寫工作清單。我每天早上會在筆記本上寫工作清單，花五分鐘左右做確認，就連「回電郵給Ａ先生」這樣瑣碎的工作也會寫下來，讓應該做的事「可視化」。這麼做除了能夠整理工作流程，書寫過程中也會讓心情變得平靜。

焦慮是感到有壓力時產生的反應之一，好比「一緊張就

流汗」，所以就算很努力告訴自己「不要焦慮！」卻沒什麼效果。

反而是先知道「自己在這樣的情況容易焦慮」會比較有效。做好心理準備，即使是感到焦慮的情況，也能積極思考「現在能夠做什麼」。

打造不焦慮的環境也很重要

我曾經因為線上研修會無法順利分享資料，陷入手忙腳亂的情況。感到焦慮的我對於線上工具的問題感到無力，最後在同伴的幫助下順利解決問題。

即使像我這樣遇到失敗的情況，也不必「因為那種事而焦慮的自己很糟糕」而感到沮喪。只要記住從經驗中學習，打造「不焦慮的環境」就好了。

在我的職場，活用當時的反省，事前仔細進行效能測試，後來進行的線上研修變得很流暢。

HINT

準備能夠靜下心的妙招

感到焦慮的時候，備妥能夠讓心情平靜的「小妙招」。
心情平靜後，就能整頓環境。

① 決定好對自己來說容易實行的「小妙招」。

② 在一天之內重複做幾次①的行動，讓身體記住。

小妙招的範例

- 嚼口香糖
- 深呼吸
- 暫時離開座位
- 把手放在胸口，心中默唸「我沒事」
- 閉上眼睛
- 輕微伸展
- 按壓手上的穴道
- 喝杯水或茶
- 去上一下廁所
- 眺望窗外的景色
- 確認準備好的東西
- 起來走一走
- 上下活動肩膀
- 看喜歡的圖片

POINT

為了讓身體適應養成習慣，多做幾次比較好，但要配合時間和場合適度進行。

case 14

總是莫名感到不安

試著注視
「活在當下的自己」

不安是為了保命的必要反應

不安是人類的防衛機制之一，如果完全不會感到不安，在森林裡就算遇到熊，可能會因為想要拍照而接近，這樣就算有幾條命也活不成。為了保護身體避開危險，不安是必要的反應。

將不安視為「為了活下去的防衛機制」，感到不安就是「現在想好好活下去」的證明。這麼一想，不安也是朝著自己的希望活下去的必要感情。

感到不安時，關注「日常」

從現在起，請你絕對不要想起白熊。

那麼，你現在想到什麼呢？應該滿腦子都是白熊吧？

這被稱為「白熊效應」（white bear problem），是很有名的心理學實驗。這個實驗證明人類對於「不可以去想！」的事越會去在意。

不安就像白熊一樣，因為不安而痛苦，所以去想「我絕對不會感到不安」，結果卻產生反效果。越是想從大腦中趕走不安，反而會增加不安。為了與不安和諧相處，關注「日常」很有效。日常生活可說是「好好活在當下」的證明。請試著做後面的練習，確認自己現在做的事。

寫出來之後，你會發現自己在無意識的狀態下做了許多事。也就是說，<mark>你已經和不安共存，好好地生活著。</mark>

專注於現在就能遠離不安

內心感到不安的話，在不知不覺中就會朝不好的方向擴大想像。那樣的想像會讓你在不順利的時候免於遭受太大的打擊，具有保護內心的效果；但過度想像的話，在知道結果之前的那段時間，會讓你很難受。

要是不順利該怎麼辦？感到不安的時候，試著從最糟的結果思考下一步。例如參加證照考試，以不合格為前提，計畫且實行今後的對策。像是查好下一次考試的日期、尋找評價好的考題……就算結果可能是多此一舉，但做好「現在做得到的事」就能大幅減少被不安困住的時間。

WORK

察覺「好好活著的自己」

依照步驟 ① ～ ④，關注日常生活中的小行動，
重新確認自己「好好活著」這件事。

① **舉出在日常生活中實際採取的行動。**

[例] 每天早上很有精神地起床、飯後都有刷牙。

② **舉出在工作或社會生活中實際做過的事。**

[例] 上班不遲到、和鄰居打招呼。

③ **舉出在生活中實際做過的事。**

[例] 每天自己做晚餐、確實做好垃圾分類。

④ **即使感到不安，為了持續這樣的日常生活，怎樣的想法或行動會有幫助。**

[例]
- 對人類來說，不安是不可或缺的反應。感到不安是「好好活著」的證明。
- 為了讓刷牙變成開心的事，買了有興趣的牙膏。
- 睡眠不足，身體狀況會變差，所以要確保擁有充足的睡眠時間。

第 2 章
他人言行產生的壓力

這件事也是，
那件事也是，
莫名地很在意

和他人做比較，感到自卑，對於無法好好溝通的人感到煩躁。儘管如此，還是無法避免與他人互動。本章爲各位介紹遇到這些情況時，能夠支撐內心的想法和實用的處理方法。

case 15

總是忍不住和別人做比較

試著給「自己」這個朋友一些建議

和他人做比較的結果，只有「輸」

和業績很好的前輩相比，自己的成果總是差強人意，心裡覺得「前輩好厲害，我好糟糕」。不過，和他人做比較，最後的結果只有「輸」，請試著思考這個意義。

「業績好」是Ａ前輩做得好，相較之下，「沒有成果」是自己做不好。用「做得好」和「做不好」來做比較，當然贏不過對方。

既然如此，試著用自己「做得好」的事來比較看看。Ａ前輩的穿著打扮有點土，我的品味比較好……

這麼想的話，頓時會覺得「我贏了」。不過，心情好也只有那個當下，滿足於贏這件事而看輕對方，自己不會有所成長。

之後你又會在毫無進步的狀態下，和Ａ前輩以外的人做比較，總有一天會遇到比你品味好的人，讓你覺得輸了。

像這樣和他人做比較的結果，終究是「輸」和「沮喪」等著你。如果想避免「像我這樣很糟糕」而感到痛苦的話，不要做比較是最理想的方法。無論是自己或他人都有「做得好」和「做不好」的部分，只以一部分做比較、思考輸贏，只會把自己逼入絕境。即使暫時贏了，總有一天會輸的話，根本沒必要這麼做。

以旁觀者的立場給自己建議

明知沒好處還是忍不住想比較⋯⋯這時候請試著做後面的練習。

練習的重點在於,把自己放在「向他人給予建議」的立場。受到主觀限制,思考往往會朝負面發展。不過如果退一步思考,就能從別的觀點看待事物。

即使是設定為「向他人給予建議」的立場,這時候浮現的仍是自己的想法。道理或積極正面的話,若是出自別人之口,有時聽起來會感到不悅,但假如是自己說出來的話,比較容易接受。

而且,不遵從那些建議也沒關係,真正的目的是從負面想法之中找出別的想法。能夠給予自己建議,就能往前邁進一步。

WORK

從旁觀者的角度給予建議

依照步驟 1～3，讓與他人做比較而難受的心情變輕鬆。

1 試著回想和他人比較後湧現的感情。

> 例 在社群網站看到朋友開心的貼文，覺得心情低落。

2 回想在 1 的時候浮現的想法。

> 例 自己不是善於社交的個性，過著無趣的人生。

3 如果 2 是別人的煩惱，你會給對方怎樣的建議？試著用和身邊的人談話的感覺去思考。

例

預想的人	建議
朋友	社群網站的貼文通常都是開心時的內容，其實對方和我們差不多。
哥哥	社群網站也不是生活的一切，沒必要為此感到低落。
男（女）朋友	也許別人看了你上傳的照片也會覺得羨慕，大家彼此彼此啦。

case 16

上司的態度讓人心累

你不必忍受
上司的煩躁

表達方式會因為感情而改變

既然失誤是事實,那麼被上司指責也是無可避免的事。話雖如此,「也不必說成那樣吧?」,有時會忍不住這麼想對吧。

如果上司是用冷靜的口吻說「下次不要忘了做確認喔」,你也會坦率地認錯說「我知道了,真的很抱歉」,接受對方的指正。

可是,假如對方面露不悅,口氣嚴苛地說「你不知道一定要做確認嗎?」,而且還長嘆一口氣,這樣的反應會讓人感到很沮喪對吧。

兩者的差異在於,上司的言行有沒有夾雜感情。如果是帶著負面感情的話語,聽到的人會覺得受傷。

試著把失誤的事實與他人的感情做區分

希望上司可以改一下他的態度,但改變他人的行動是很困難的事。為了緩和內心的難受,可以試著改變自己的接受方式。

基本上,**接受自己失誤的「事實」,但因為這個事實變得煩躁是「上司的問題」**。煩躁的情緒是上司要處理的問題,不該遷怒於他人,這是錯誤的行為。被遷怒的人不必接

受那樣的情緒,也無須當真予以反駁。

話雖如此,聽到情緒化的言論很難保持冷靜。年輕時的我遇到這種情況,想出來的方法是「外星人作戰」。

如果遇到說話情緒化的人,我會試著把對方當成外星人,心想「我是地球人,所以聽不懂你在說什麼」。這麼一來,就能隔絕對方的情緒,大幅減輕壓力。

只接受「對自己有益的話語」

對於對方的言論,只要接受適當的建議等「對自己有幫助的話語」,不需要連同對方附加的感情也一併接受。因為上司的煩躁讓自己心情低落,變成這樣不是很奇怪嗎?

因為某人說的話感到心情煩悶時,試著想想「也許他是外星人吧?」,確實區分自己和他人的內心,不要被對方的感情糾纏。

WORK
區分他人與自己的感情

依照步驟 ① ～ ⑤，進行不被對方的感情糾纏的練習。

① 試著回想在意的情況。

> 例　被上司指責聯絡的失誤。

② 舉出 ① 這個情況令你在意的理由。

> 例　上司的態度讓你感到受傷。

③ 回想在 ① 的情況，對方的態度或說過的話。

> 例　被上司碎唸「聯絡是常識，你連這點事都不知道嗎？」

④ 回想在 ③ 的時候自己的反應。

> 例　覺得受挫，一句話都說不出來。

⑤ 如果又發生相同的情況要如何應對。

> 例　針對失誤道歉，挖苦的話聽聽就好。

case 17

那個人為什麼做不到?

試著捨棄自己的基準

不易察覺「自己做得到的事」

我剛升上管理職時，每次和同事開會的時候，總是會想「為什麼大家都不好好做事？」，覺得心情煩悶。

護理師是很專業的工作，大家都是接受相同教育，以此為基礎做事，所以我總是會注意到「自己做得到，其他人卻沒做到」的事。

即使不是刻意那麼做，但或許還是流露出不耐煩的態度。某天上司對我這麼說：

小瀨古先生，你聽我說，即使都是管理者，個人能力和過往的工作經驗各不相同。有些人像你一樣十分努力，但也有不是那樣的人。希望你能記住「自己和別人不同」……

上司的話令我恍然大悟，過往的我**只因為「都是做相同的工作」，所以認定自己做得到的事，別人也能做到。**

別人偏離你的原則是理所當然的事

每個人都不同，這是理所當然的事，但我因為大家都從事相同的工作，使用共通的語言，覺得其他人要和我有同樣的想法，採取同樣的行動。

於是，把「這個時候應該這麼做」的自我價值觀套用在別人身上，在心中指責偏離了我的原則的人。

即使是相同的工作，有些人做得好，有些人做不好。對於工作的重要性的認知不同，認真度或優先度也會改變。因此，我把認為「應該這麼做」的想法加諸在他人身上，本來就是不合理的事。

試著用適合對方的方法提出請求就會很順利

對於對方的工作方式感到疑問時，最好的方法是了解對方，而不是「蛤，為什麼做不到？」而感到煩躁。捨棄「自己做得到的事＝他人也做得到的事」這種成見，確認對方的能力或經驗、想法等，把自己希望對方做到的事和對方做得到的事進行磨合。

像這樣找出妥協點，就是雙方都可以接受的狀態。這麼一來，「為什麼連這點事都做不到」、「不不不，為什麼要說那麼勉強的事」，這種心情上的摩擦也會減少。

HINT

好好傳達自己的要求

尊重對方，說出自己希望對方做的事，
請記住「見感提代」這個關鍵字。

見
見到的事情
（事實）

例
下個月的行程表還沒交。

感
感受到的事

例
大家沒有交齊的話，我沒辦法作業，覺得有點困擾。

提
提案

例
就算是上旬的部分也好，可以在今天之內交出嗎？

代
被否定時的
替代方案

例
我會等到後天，可以請你交出一個月的行程表嗎？

case 18

無法說出想說的話，
覺得很煩躁

也許是自己的世界和對方的世界規則不同

082

前提不一致的對話會產生誤解

「今天早上我去爬坡,稍微休息一下,喝了咖啡。」聽到這段話,你的腦中浮現怎樣的情景呢?

我想說的是騎公路車爬山路,在山頂品嘗自己帶去的咖啡這件事。可是,不懂公路車的人可能會以為我是在「爬坡」這家咖啡廳喝了咖啡。

產生誤解是因為「對話的前提」不一致。對自行車沒興趣的人來說,「爬坡」是陌生的話語,不了解真正的意思很正常。

假如我又說了「哎～途中安全帽歪掉,累死我了」,對方或許會以為我是在咖啡廳裡戴著安全帽喝咖啡,覺得我是個怪咖。

在意「誰才正確」會很累

想說的事無法讓對方知道,「明明已經說清楚了」,所以會覺得煩躁。不過,在意對方和自己「誰才正確」會讓關係變得尷尬。

如果覺得有很多誤解的話,平時試著提醒自己「和對方在前提一致的狀態下對話」。磨合彼此的知識或想法,就會變得容易溝通。

請記住「～是理所當然的事」這只適用於「你的世界」，在對方的世界有對方的「理所當然」。要讓對話成立，必須使用「自己的世界」和「對方的世界」的共通語言。

暫停一下，養成確認對話前提的習慣

例如，被委託擔任研修講師的話，在「自己的世界」也許會準備資料，寫好稿子進行練習。不過，不要馬上那麼做，先暫停一下。

先向研修會的負責人確認看看「我打算這樣準備，這麼做可以嗎？」，要了解「對方的世界」，直接詢問是最理想的方法。假如雙方的想法有落差，在這個階段進行修正，準備不會白費，事情也能夠順利進行。當天就能在研修會負責人和聽眾全體一致的狀態下進行授課。

一般來說是這樣吧、這是理所當然的事啊，這樣的感覺是你正陷入「自己的世界」的徵兆。暫停一下，試著思考「在對方的世界怎樣才是『普通』」。

WORK

讓對話前提一致的三個步驟

依照步驟 1～3 進行練習。這個練習是為了確認對方和自己的對話有無落差,思考詢問方式的提示。

1 思考用一句話說出自己最想說的事。

> 例　在很忙的時期,同一組的人之中已經做完工作的人應該幫忙還在忙的人。

2 舉產生出 1 想法的理由。

> 例　如果持續這樣的狀態,只有一部分的人集中作業就必須連續加班。

3 根據 2 把 1 改成疑問句。

> 例　為了減少加班的人,在很忙的時期去幫忙其他人比較好,你覺得呢?

POINT

如果把 1 的話直接說出來,對方可能會誤會「你是想偷懶吧?」,看到對方生氣的話,你的心情也會變差。如上所述,說明提案背景的想法,確認對方的態度,就能預防產生誤解或摩擦。

case 19

因為固執和人起衝突

以自己有錯為前提，
重新確認事實

也許只是自以為「自己正確」的成見所致

以前我參加過一場線上研修，明明昨天應該是檔案發布日，我卻沒看見。帶著些許怒意的我寄出一封電郵：「如果發布日有變更，應該事先通知，這樣讓我很困擾。」不過，那個影片前幾天就已經發布，發布的日程沒有變更，是我自己的誤解，原因只是我弄錯帳號了。

誤會是每個人都有過的經驗，通常可能是自己弄錯了。沒有發現而責怪對方，是因為自以為「自己正確」的成見所致。

以「也許是我弄錯了？」來改變應對方式

即使是同一件事，如果沒有成見，應對方式會有所改變。沒有看到影片，也許是系統有問題，或許是沒有收到變更預定的通知，可能性有很多。

若在已知範圍做了確認還是不知道理由，才會發信給對方。不過，如果想成也許是我弄錯了，就不會產生強烈的抱怨，或許會去確認發布日程。

關注事實而非想像的事

　　自以為「自己正確」的這種成見，有時可能是出自於過去討厭的經驗。對於會感到不悅的情況很敏感，覺得對方想把失敗推給自己，因此有像這樣過度的負面想像。所以，其實沒有發生什麼事卻感到很難受，為了保護自己，情緒高漲，責怪對方。

　　回想過去的經驗會覺得難受是自然的反應，沒必要刻意壓抑。不過，和那樣的感情正面衝擊會傷害對方，也會傷害自己。

　　因此，請記住「不要隨口說出你的感受」。令你痛苦的感情多半是出自想像。

　　想要責怪對方之前先忍住，以「也許是自己弄錯了」為前提重新檢視事實。光是這麼做，就會大大地改變你要說出口的話。

WORK

思考如何告訴對方

依照步驟 1～3，練習更好的傳達方式。

1 就算覺得「是對方的錯」，也要忍著不把當下的心情說出口。

> 公司的同事沒有回覆業務上的必要郵件
>
> 例　那個人連這麼重要的信都不回，到底有沒有認真工作。

2 以「對方沒錯，也許是我弄錯了」為前提重新思考，列出想到的事情。

> 例
> - 平時對方都會回信。
> - 也許是刪除舊郵件的時候，不小心把對方的信刪掉了。

3 根據 2 思考如何傳達。

> 例　不好意思，可能是發生了什麼狀況，我沒收到你的信。麻煩你有空的時候回信給我。

POINT

就算覺得「是對方的錯」，確認事實後才發現是自己的失誤是常有的事。因此，要告訴對方之前先暫停一下，思考看看比較好。我們並不是在和對方比賽「誰才正確」，即使指出是對方的失誤，也不代表「你贏了」，反之亦是如此。捨棄拚輸贏的心情，冷靜下來想一想該如何告訴對方。

case 20

幫不了朋友，感到無能為力

「確實能做到的事」，對對方一定會有所幫助

自己的能力有限

看到好朋友有煩惱很痛苦的時候,自然而然會想幫助他,為他做一些有用的事。不過,因為煩惱的性質或朋友的心理狀態,有時會有你解決不了的情況。

好比「部長很討厭,讓人火大!」這種事,仔細傾聽朋友說話,和他一起說部長的壞話,也許就能消除煩惱。不過,假如是「因為部長的陰謀被降職,心裡很難受」,這是憑你個人的力量很難解決的事。

身為朋友的你能夠做的就是安慰他、鼓勵他,而和公司抗爭,要求取消降職,這種事必須仰賴專家的力量。而且,無論煩惱的內容為何,如果朋友相當沮喪,身體狀況也受到影響的話,必須尋求心理諮商師或醫師等專家的幫助。

整理好心情,再思考自己能夠做什麼

接受商量的人,有一件事很重要,那就是「平衡的處理」。面對信任你而提出請求的朋友,無法回應對方的期待,讓你很難受⋯⋯假如有這樣的感受,先整理你的心情。

如果對方的任何煩惱,你都能幫忙解決是很好的事,實際上卻很難做到。每個人能力有限,這是理所當然的事,不必因為自己解決不了,就自責感到「我很冷漠」、「我能力

不足」。

必須整理心情是為了不被對方難受的情緒牽連。「想幫助對方」、「想為對方做一些有用的事」的想法很強烈的話，也許會做出一整天陪在身邊支持對方的極端行為。超過自己的能力範圍，付出太多心力，結果朋友和自己都會變得很難受。

現實的處理方式介於最好與最差之間

心情整理得差不多之後，找找看自己做得到的事，這時候思考「最好的劇本」和「最差的劇本」很有效。在最好的劇本中，自己是能夠迅速解決朋友煩惱的英雄；但在最差的劇本中，自己很冷漠，看到朋友很痛苦卻袖手旁觀。

刻意設想極端的劇本是為了找出現實的折衷方案。**介於「最好」與「最差」之間，如果打分數的話，是滿分100分的40～60分左右的「實際上做得到的事」**，從中選出現在的自己可能做得到的事。

WORK

設定「最好」與「最差」的劇本

依照步驟 1～3，思考現實的處理方式。

1. 針對在意的事情的今後發展，設定對你來說最好的劇本。

   例　給予適當的建議，順利解決朋友的煩惱。

2. 同 1 一樣的事情，另外設定最差的劇本。

   例　不聽朋友說話，推開對方。

3. 如果 1 是100分，2 是0分的話，尋找相當於40～60分的處理方式。

   0分 ←———————— 50分 ————————→ 100分

   例
   - 仔細傾聽朋友的煩惱，不時予以回應。
   - 告訴朋友「覺得難受的時候隨時聯絡我」。

POINT

思考「40～60分的處理方式」時，介於「最好的劇本」與「最差的劇本」之間的「現實的劇本」是重點。想一想自己現在能夠做到的事，或是持續這麼做，自己也不會感到疲累的事是什麼。

case 21

討厭被貶低

能夠評價你的人，
只有你自己

因為沒自信，才會想要輕視他人

我曾經也很介意身邊的人做出貶低他人的行為。對方的言行每天都讓我感到厭煩，但也因為心裡不舒服，我試著去思考對方為何會表現出輕視他人的態度。當時想到的答案有三個：

1. 因為過度自信，沉浸在優越感之中。
2. 為了避免被輕視，先發制人。
3. 自己受到輕視會受傷，卻無法想像別人受到相同對待時的心情。

像這樣找出理由後，稍稍撫平了心裡亂糟糟的感覺。貶低是看輕別人、提升自己的行為。然而，如果旁人都覺得你比較優秀，根本不必刻意去輕視他人不是嗎？

想要貶低他人是對自己沒自信，覺得人生不充實。

無法不去貶低他人是對方的問題

例如，和同事閒聊時，無意間提起想換手機的事。A小姐聽到後說「那款沒辦法換鏡頭吧，我的手機可以微距攝影……」開始說起自己的手機功能很好。像這樣擺明了輕視他人的言論，聽了會覺得心情很差。不過，沒必要去在意那

樣的言論。

不管理由是什麼，**貶低他人這種行為，有問題的是「對方」**。應該要正視自己、整理心情的人是對方，一切都和你無關。

單方面想要貶低他人是內心不滿足的證據，這時候「算了，忍一忍就過去了」，像這樣忽視是最好的做法。

對方貶低的只是你的「一部分」

話雖如此，心情還是會受到影響，對於失禮的言行難免會動怒或難過。

這時候請留意，**對方輕視的是「你的一部分」而已**。貶低你的人只是找到自己比較優勢的部分，攻擊那一點而已，沒必要認真接受那種偏頗的評價。

不管別人怎麼說，能夠評價你的人，只有你自己。不要浪費寶貴的時間去理會想貶低你的人的言論。

WORK

察覺貶低言論的「微不足道」

依照步驟 1～2，分析被對方貶低的部分。

1 舉出被貶低而感到不悅的事。

> 例　提到夏天在國內旅行這件事，對方用高高在上的語氣說「國內我已經去膩了，所以我去了巴黎。在國內旅行就很滿足，不用花什麼錢，真羨慕你。」聽到這樣的話覺得很生氣。

2 想一想 1 的那件事在你的生活中占多少比例。

5%

> 例　雖然喜歡旅行也只是偶爾去。平時的興趣是看電影，「去旅行只是我的一部分」。

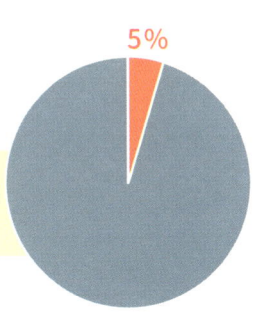

POINT

覺得「我全力以赴去做的事被貶低」的人，重新思考問問自己，在構成自己的要素之中，那件事是否占100%的比例。

> **參考　構成自己的要素的範例**
> 在家庭中的角色、和朋友的關係、在公司（學校）的定位、感興趣或擅長的事、目前學習的事。

case 22

指導後輩不順利

也許在一旁守護，
會讓對方有所成長

怎麼做才是「為對方好」

A先生負責指導的後輩B先生，做事馬馬虎虎。這次也來不及交貨，明明應該聯絡客戶取得諒解，他卻沒那麼做。

看不下去的A先生代替B先生向客戶道歉，他知道B先生不好意思聯絡客戶，所以打算做給他看，讓他學習該如何處理。

可是，B先生後來還是重複犯錯，沒有打算精進自己的技能，就算替他善後也得不到感謝，讓A先生覺得很煩躁……

過度幫忙，也許會讓對方無法成長

在治療成癮症的現場會使用「賦能」（enabling）一詞，意思是**打算幫助對方，反而助長對方的問題行為**。

試著以B先生的觀點重新檢視A先生的行為。因為我的失誤延遲交貨，必須趕快聯絡客戶。「真討厭，實在是難以啟齒」，正當我還在磨磨蹭蹭的時候，沒想到A先生竟然代替我做了！哇啊，太幸運了！結果，犯下失誤的當事人B先生完全沒有不好的感覺，學到的不是如何處理問題，而是就算有不好的事，A先生會代替我做。

所以下次發生相同的情況時，B先生會利用當時學到的

經驗去行動,也就是自己不動,等著A先生來幫助自己。

支援不是代替,而是守護

　　為了阻斷這樣的惡性循環,A先生必須改變自己的行為。首先必須察覺「B先生就算失誤也不覺得困擾的狀況」是出自於自己,所以要停止搶先去做當事人應該做的事。

　　負責指導的A先生是希望看到B先生主動積極有所成長,如果察覺B先生很猶豫向客戶聯絡道歉這件事,把想法和傳達方式告訴他後,只要在一旁觀察情況即可。

　　「可能會被罵真討厭」,這是B先生自己的不安,沒必要替他背負。「想為某人做什麼事」的時候,行動之前請先想一想,這樣做真的是為對方好嗎?持續這樣的情況,自己難道不會累嗎?

WORK

尋找「不會做太多」的相處方式

依照步驟 1 ～ 2，試著找出自己不覺得勉強，
又能促進後輩成長的相處方式。

1 列出到目前為止，為對方好而做的事。

> 例 犧牲自己的時間，做後輩應該做的事。

2 從下列的 I ～ III 找出可行的建議，思考可以取代 1 的事。

I 對當事人的成長沒有幫助就放棄。
II 讓當事人察覺自己行為的問題點的相處方式。
III 向對方傳達自己的心情。

> 例 停止做那個工作，問問後輩「你知道自己現在應該做的事是什麼嗎？」，或是告訴他「過去我一直幫助你，以後你要自己做囉。」

POINT

也許有人會想「就算不能代替對方做，應該可以給予指示吧？」，如果給太多指示也會變成「做太多」。這麼一來，後輩就算在做事情的能力上有所進步，工作能力並未提升。所以要試著忍耐，做好守護的支援。另一方面，當後輩向你請益時，一起思考並不會妨礙對方的成長，這是良好的相處方式。

case
23

因為沒有「和別人一樣」而不安

想和大家一樣的事是什麼呢？
應該不是全部對吧？

全部都和多數人一樣是很勉強的事

每個人的想法或喜好、生活方式各不相同,話雖如此,社會上確實存在著「多數派＝正確」的風氣。如果不屬於多數派,難免會感到不自在。

沒有和大家玩同一種遊戲,就會覺得話題跟不上;不知道流行的事物或店家會被覺得很土。覺得與人交際很難,也是因為「想和大家一樣」。

不過,就算玩相同的遊戲、有相同牌子的包包、支持相同的藝人,你和對方仍是不同的個體。全部都和多數人一樣,本來就是很勉強的事。

試著關注「不一樣也沒關係」的事

基於那樣的理由,希望各位能夠區分「想和他人相同的部分」和「就算不同也沒關係的部分」,以自己的感覺來區分就好。

具體地思考,有時會有新的發現。雖然想和大家一樣使用熱門機種的手機,但sim卡用便宜的就好;雖然聊偶像聊得很開心,但沒有去看演唱會或參加活動也沒關係……像這樣先做好區分,就能劃分想和對方「相同」的程度到哪裡。

對人類來說,最大的不安是「不知道」這件事。打算含

糊地避免「和別人不同」，結果反而更在意一切。

　　如果鎖定想和別人相同的事，就能發現做得到的事。心中有所預料，不安的感覺也會減緩。

有所預料採取行動，能夠減輕不安

　　試著去看「想和他人相同的部分」，也許那是無法馬上得到的事物。這時候以達成目標為目的，開始做「現在做得到的事」。

　　例如「想和朋友一樣結婚」，但因為沒對象，所以沒辦法，就這樣放棄太早了。可以拜託朋友介紹對象，或是試著使用婚配app，再小的事也可以，請試著跨出一步。

　　重要的是，決定自己的目標，朝著目標採取行動。即使無法達成目標，也能思考為了接近目標，接下來要採取怎樣的行動。

WORK

了解自己「想和他人相同的部分」

依照步驟 1～3 預想如何獲得想和他人相同的部分。

1 試著舉出「想和他人相同」的事情，或是為此想要獲得的東西。

> 例　想和同事擁有同等級的衣服或物品。

2 舉出在 1 之中無法馬上做到的事或得到的東西。

> 例　名牌包。

3 為了實現 2，思考現在能夠馬上做到的事。

> 例　每天做便當，節省午餐錢。

POINT

如果一直無法達到目標金額，覺得受挫也沒關係。之後你或許可以預想「雖然名牌包有困難，衣服的話應該可以買一、兩件」，或是察覺到「好像沒必要那麼拼命努力得到那個『一樣的東西』」。無論結果如何，鎖定「想和他人相同的部分」，朝著目標行動，這件事很重要。

case 24

無法拒絕請託

決定接受的界限
就會變得輕鬆

如果你是「提出請求」的人，你會怎麼想？

「拒絕的話會被討厭」，所以無法拒絕。因為這樣的想法，無條件接受他人的請託，超出自己的負荷，我也有過這樣的經驗。不過，拒絕請託真的會被討厭嗎？

試著站在請求者的立場思考看看，工作一件接一件，忙不過來的時候，拜託同事Ａ先生幫忙。Ａ先生回道「對不起！我也有要趕快完成的工作，現在沒辦法幫你」。

你會覺得Ａ先生很討厭嗎？應該不至於吧。對方拒絕，只是剛好時機不湊巧，你會這麼想對吧。

站在請求者的立場，你會發現「拒絕＝被討厭」這樣的公式只是自己的成見。

接受請求的時候，先弄清楚對方的期待

如果是工作的請託，有時會「為了回應對方的期待」而不好拒絕。當然，為了提高對方的滿意度而努力是一件很好的事。

可是，沒有先確認對方的期待就接受請求，過度努力反而讓自己很辛苦。為了避免那樣的情況，先確認對方要求幫忙的程度到哪裡。

根據我的經驗，對方的期待往往不如自己所想的那麼

大,而是在自己能力可及的範圍做得到的事。其實換個立場想一想就不難明白了。

我們開口向他人提出請求時,會考量對方的能力,通常不會拜託對方去做超過其能力的事,所以先確認對方期待自己做到哪個程度很重要。

先掌握自己的能力

話雖如此,試著確認後,感覺好像超乎自己的能力,想拒絕又發現對方很煩惱,又或者那是很關照自己的人的請求⋯⋯也許會遇到這樣的情況。

這時候,試著做做看後面的練習,思考「接受的範圍」。超出負荷無法完成要求,到頭來自己和對方都會很困擾。**弄清楚自己能夠接受的範圍告知對方並不是「逃避」,而是誠實的應對。**

WORK

思考「接受的範圍」

依照步驟 1～3，思考看看雖然想拒絕，但對方好像很煩惱，不知道該怎麼辦才好的情況下,「能夠接受到哪個程度」。

1 確認對方期待自己做的事是什麼。

> 被拜託擔任演講的司儀。

例 對方說「你的聲音很宏亮，口才很好」。

2 針對 1，思考自己能夠回應的範圍或條件。

例 因為會緊張，無法臨場發揮，如果能先準備講稿，那就沒問題。

3 思考如何把 2 的提議告訴對方。

例 「我很容易緊張，其實不擅長做這種事，如果能先準備講稿，我可以試試看。」

POINT

突然受到請託會很猶豫不知道該如何回覆，這時候不用馬上回覆，先保留時間做做看上述的練習。建議當下可以詢問對方期限到何時，或是告訴對方自己現在不太方便馬上回覆。

例
- 「最晚何時回覆你比較好呢？」
- 「我想先確認現在的工作量，明天回覆你可以嗎？」

case 25

只能選0或100

試著在0與100之間
增加選項也沒關係

極端的想法是一種慣性思維

傳了訊息給男友,明明已經看了,但過了兩小時卻沒回信。欸!已讀不回?頓時覺得心裡很煩躁,加速腦中的負面想像。

原來他覺得我可有可無,不方便的時候就直接忽視我,真是有夠過分!然後,一旦「認定對方很壞」,對於對方的所有行為都會產生負面的想法。

這種情況是只將事物分為「0或100」、「好或壞」的二分法,一般稱為「非黑即白思維」,這是一種「慣性思維」。

因為和個人意志無關,而是無意識的習慣,所以用「慣性」表現,好比抖腳或翹腳那樣的動作。換句話說,只要有意識地修正,就能慢慢改變。

不要馬上做出「好」或「壞」的判斷

無法停止非黑即白思維的時候,試著正視自己的慣性思維。**將事物判斷為「好」或「壞」之前,掌握自己心中浮現的想法,試著找出根據**。例如,送出訊息過了兩小時,對方都沒回覆,這時候請先好好掌握「腦中浮現的想法」。

如果浮現的想法是「欸!已讀不回?」,接下來思考支

持這種想法的根據。

假如你的根據是「昨天馬上就回訊息了」,那就評估根據的可信度,以0到100％來評估程度。

倘若可信度是70％,想一想70％的理由。換句話說,針對讓你覺得「也許不是已讀不回」的30％,思考為何會這麼想。

於是,對於「已讀不回」這件事容易浮現其他的想法或過去的經驗,像是「工作很忙的時候,到了晚上也沒回覆」、「以前也有過和上司在一起的時候沒辦法回覆」等。這麼一來,你就能夠不陷入非黑即白的思維,關注於中間的部分。

像這樣仔細推敲心情,就會知道自己的慣性思維,然後會發現「啊,我又自己想太多了」,讓非黑即白的思維就此打住。

WORK

掌握腦中浮現的想法

依照步驟 1～4，找出自己的慣性思維。

1 回想判斷某人（或某事物）「不好」時的心情。

> 例：欸！已讀不回？原來他覺得我可有可無，不方便的時候就直接忽視我……

2 舉出產生 1 的感受的根據，在100%之中，那個根據的可信度大概是多少。

> 例：平常明明馬上就回覆，難道是覺得我很煩，百分之百是已讀不回！

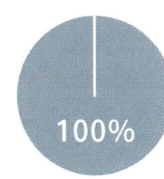

100%

3 想一想和 2 的根據有所矛盾的事實。

> 例：上週因為工作很忙，讀訊息的時候已經是晚上了……後來他為了安撫不安的我，帶我去兜風。也許他不是為了自己的方便而忽視我的那種人。

4 重新思考 2 的可信度。

> 例：也許今天也是因為工作很忙，已讀不回的機率是50%，傳個訊息給他：「等工作結束後和我聯絡。」

50%

第 3 章
工作方面的煩惱

人際關係和工作
都讓你感到
心情煩悶

一整天有大半時間都耗費在工作上，所以工作對心理健康會造成很大的影響。本章將爲各位介紹各種和工作有關的煩惱，像是「工作太忙了」、「和棘手的人往來，覺得心很累」等。

case 26

工作太忙了,覺得很累

你並非擁有無窮的能量,記得要保留能量

不要輕忽自己的極限

認真工作是社會人的基本常識,但有件事要注意,有責任感和努力回應周遭的期待固然重要,但那樣的心念太強烈,會讓自己變得太拚命。

雖然覺得已經不行了,想到「其他人也很忙」、「因為接受了別人的請求」,所以無法拒絕。結果,獨自處理許多工作,拚命地一直做。

明明已經很累了還持續努力,感覺就會逐漸麻痺,變得不知道自己的極限。雖然判斷的基準因人而異,如果有莫名地掉淚、覺得憤怒或孤獨、一直呈現無精打采的狀態,這已經是很危險的狀態。

「穩定持久」的能量最理想

工作必須有能夠努力的能量。理想的情況是,每天早上以充滿能量的狀態開始工作到傍晚,晚上再補充用掉的能量。可是,人類不像有插頭就能充電的手機,有時會因為疲勞或煩惱,到了隔天早上仍然沒有補足能量。在能量尚未補足的狀態下開始工作,工作效率會變差,過了中午可能會沒有能量。而且,在能量不足的狀態下繼續工作會變得身心俱疲,就像電池劣化那樣,無法順利補充及消耗能量。

傳達期望的時候，試著彩排就會感到安心

為了防止變得筋疲力盡，必須取得周遭的協助，了解自己的能力範圍，和上司或同事商量。

不過，對一直很努力的人來說，很難提出「想減少工作」這樣的要求。為了能確實傳達這個想法，就要先做好事前準備。

首先，想好說詞。不只是傳達期望，還要有明確的理由。「為何想那麼做」會改變對方的反應，或者之後的應對方式。

接下來是彩排，試著想像聽到你的說詞，對方會有什麼反應。如果覺得「對方可能會生氣？」，重新思考該怎麼說。想要說得委婉一點，建議使用以「我（I）」為主語的「I訊息」。這樣的說法不會讓對方有被指責的感覺，對方比較容易接受。

HINT

換成用I訊息的方式傳達

以下舉出用我(I)為主語的說話方式,向上司或同事傳達要求的例子,請各位參考看看,用來傳達自己的要求。

因為其他工作很忙的時候

△ 這段時間很忙,可能沒辦法幫你。

○ 真的很抱歉,我現在因為其他工作忙不過來。

希望減少工作的時候

△ 工作的分配有點不妥,請您減少工作。

○ 我負責的工作有點多,關於工作量可以和您商量一下嗎?

覺得很累的時候

△ 請不要再加班了。

○ 我最近忙得不可開交,每天都很累……如果今天可以直接下班回家就太好了。

case 27

明明是我才正確!

看法不同,事物顯現的形態也會改變

自己與他人的「正確」有時會有所不同

開會後，A先生遲到了幾分鐘才來。明明是關於部門今後方針的重要會議，他卻那麼散漫，給別人造成困擾！B先生為此感到不悅。

會議結束之後，他小聲提醒A先生「不要遲到比較好喔」，A先生一臉歉意地道了歉。不過，後來B先生聽到其他人說，A先生的小孩突然發燒了，所以他出門前花了一點時間。

接觸他人價值觀的經驗會拓展你的眼界

重要會議不能遲到，這樣想並沒有錯，但那只是個人的想法，並不是唯一的正確答案。

「應該～」的想法是出自於「自己是正確」的心情，不過並不表示「只有我是對的，其他人都是錯的！」。通常只是「那是理所當然的事」、「普通情況是這樣」而已。

好比我念國中的時候，當地的中學有「男生要剃平頭」的校規。現在聽來覺得是令人摸不著頭緒的誇張規定，但在當時沒有任何人反抗說「這是侵犯人權」，因為大家都覺得那是「普通且理所當然」的事。現在我會覺得強制剃平頭這件事很奇怪，那是因為我在成長過程中接觸了各種價值觀與

想法,透過經驗實際感受到自己認為的「普通」並非大家的「普通」。

並不是「誰才正確」的遊戲

不過,有些人在成長過程中沒有對於自己的價值觀感到疑問的經驗。於是,堅持以自我基準的「應該～」而產生的問題,可能會和他人起衝突,或是被當成自私的人受到排擠,感到心累無力。

這和有明確對錯的遊戲或猜謎不同,「看待事物的看法」不會只有一個正確答案。==就算覺得自己正確,不代表其他人是錯的,通常自己和對方都是對的。==

即使是相同的物品,從看的角度或雙眼看的距離會出現差異。好比三角柱,從正上方看是三角形,從旁邊看是四方形。不要只覺得自己看到的才正確,試著接受其他角度的看法也很重要。

HINT

改變觀點，看法也會改變

看待事物的看法與從各種角度看物體的情況相似。
請參考下圖，記住從看的角度會改變看到的樣子。

下圖是一個三角柱

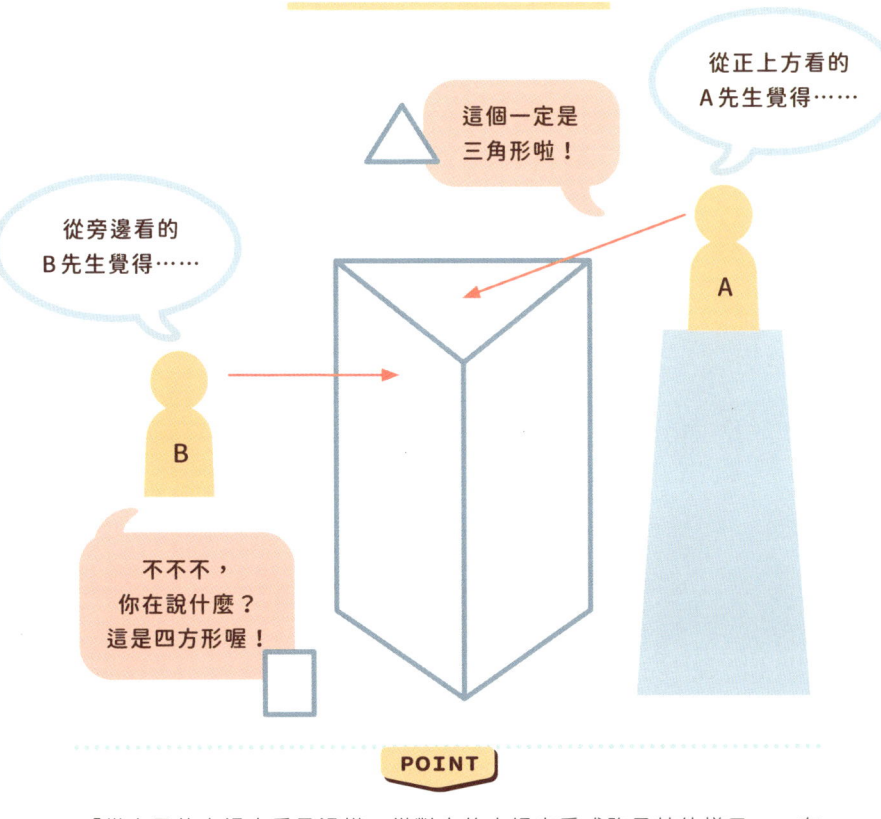

從正上方看的
A先生覺得……

這個一定是
三角形啦！

從旁邊看的
B先生覺得……

A

B

不不不，
你在說什麼？
這是四方形喔！

POINT

「從自己的立場來看是這樣，從對方的立場來看或許是其他樣子」，有了這樣的前提，自然不會說出「一定是○○！」或「你在說什麼？」這種話。

case 28

工作上總是被否定

也許被否定的只是你的「意見」

對方的反對意見並不是否定你的人格

和立場或想法不同的人溝通時，自然會出現否定你的意見的人。工作上的反對或否定，只是針對「對方的意見」，並不是否定表達意見者的人格。

即便知道這樣的原則，心裡還是會難受，也許是因為把反對意見當成了「對方在責怪說不出好意見的我」、「自己的不足之處被指正」等。

覺得自己被否定，忍不住想為自己辯護或變得沉默，這樣的行為會讓氣氛變差，自己也失去自信⋯⋯可能會陷入這樣的惡性循環。

反對意見分為兩種

有件事希望各位知道，反對意見概分為兩種：包含推動事情發展的要素在內的「建設性意見」，以及只是否定的「單純批評」。

例如「你那個點子不切實際啦」，這只是否定。不過，如果是「這個點子會花太多預算，能不能縮小範圍呢？」，這樣就是具體指出原本意見的問題點，也包含了改善的提案。「花太多預算」聽起來是否定的指正，其實只是陳述「縮小規模」這個提案的前言，而且以新角度提出的提案，

通常會讓最初提出的點子變得更好。

容易覺得「反對意見＝否定人格」，也許只是太常被否定。首先，試著把所有的意見當作建設性的內容。假如還是存疑，試著思考「現在是建設性的意見？還是單純的批評？」

平時要留意的是，交換建設性意見的經驗。透過良好的溝通討論，正確掌握他人發言的意圖。

忽視「單純的人格否定」

不知道對方的發言是否為建設性的意見時，直接問本人是最好的做法。試著直接問對方「你說的不切實際是指哪個部分呢？」

如果對方給予適當的回答，請接受他的意見，倘若對方含糊其辭，那就只是單純的批評，忽視那個意見是保護你的心的最佳方法。

WORK

從建設性的意見中學習

依照步驟 ① ～ ③，找出對自己有益的建議。

① 回想批評的發言內容。

[例] 對於你做的事，對方說出「就是因為那樣做才行不通」。

② 把①當作建設性的意見，思考對方的發言意圖。

[例] 也許他是想告訴我有效的方法。

不了解對方意圖的情況

說明自己行為的理由後，詢問對方發言的意圖。

[例]「我是為了縮短時間，覺得那樣做比較好。可以請教你覺得那樣做行不通的理由嗎？」

③ 從②的回答去思考，為了促進自己的成長，能夠學到什麼。

[例] 了解自己想法以外的好方法，可以拓展眼界。

case 29

即便辛苦也無法拜託別人

這世上沒有人能夠獨自生存

我們必須依賴他人生存

人活著必須依賴他人，這是大部分的人都知道的事。無法依賴他人是覺得依賴或拜託是「不可以的事」，接受嚴格教育、責任感強烈的人，這樣的心態很強烈。

然而，人無法獨自生存，就像你買到的蔬菜，如果沒有種植的人或運送到店家的人，你就買不到。我可以自給自足！即使有這樣的打算，耕種時也是使用他人製作的農具，所以我們活在世上早就依賴了許多人。

為了不後悔提出請求，要慎選對象

話雖如此，有時拜託別人，得到的反應會令你感到失望，甚至後悔「對方不了解的話，早知道就不說了」。

為了避免發生這種後悔的情況，該怎麼做呢？答案很簡單，找人商量的時候，選擇適合的對象。

我們總是忍不住和身邊的人商量事情，但事前必須先思考要找誰商量事情。選擇對象的訣竅是「可以給予你想要的反應的人」。例如，只是想傾吐煩惱的話，就找擅於傾聽、不會給建議的人。反之，如果希望對方給予適當的建議，會給予建議的人最適合。只要選擇適合的對象，覺得辛苦的時候，就能毫不猶豫地拜託別人。

降低心中的顧慮，借助他人的力量

　　無法拜託他人的人，通常也會無法主動說出要求。例如，期限快到了，還有一堆工作做不完，卻說不出「請幫幫我」，因為覺得「大家都很忙，我不能依賴別人」。

　　可是，真的「大家都很忙」嗎？其實通常是自己想太多，因為根據經歷或者經驗，每個人處理工作的速度或能力不同。

　　首先，請降低自己心中的「顧慮」，不要認定「對方一定很忙」、「應該不想被拜託」，鼓起勇氣試著問問看「可以請你幫個忙嗎？」

　　受到請託也等於是幫助別人，受到請託的人未必會感到困擾。知道後輩或同事有困難的時候，很多人反而會「想幫忙」。

WORK

慎選商量對象

依照步驟 ① ～ ③，尋找讓你不會後悔說出請求的對象。

① **舉出想商量的事。**

[例] 工作上有失誤。

② **思考商量的目的，或是希望對方有怎樣的反應。**

[例] 現在沒有接受建議的餘力，只是想找人說說話。

③ **從身邊的人之中，舉出三個適合的人選，思考各自適合的理由。**

[例]

適合的人選	理由
A先生	可以直接告訴他「今天請你聽我說話就好」。
B先生	他總是扮演傾聽者的角色。
C先生	雖然偶爾會給予建議，基本上只是傾聽，不會批評。

POINT

舉出三個人是為了慎重思考商量對象後，如果對方不方便，仍有備案可選。

case 30

很想拉近距離……

稍微展現「可以展露」的自己

刻意製造坦誠以對的時間

即使是工作上有所往來，只聊公事的關係很沉悶。如果可以稍微放鬆互動，在一起的時候會覺得輕鬆，對工作也會有正面的影響。

和他人縮短距離的第一步是，對對方產生興趣，有效的方法是<mark>彼此共享放鬆的時間。</mark>在談生意的嚴肅氣氛中，不會想問對方「課長的興趣是什麼？」，但工作結束後一起走到最近的車站時，會很想問問看。像這樣「稍微提起興趣」會成為和對方交談的契機。

委婉展露些許的自己

我在擔任研修會等活動的講師時，給學員的資料上會有QR code，用手機讀取QR code就會出現我的部落格，裡面有我的自我介紹。

我在自我介紹中提到自己的興趣，像是「很迷公路車」，在商務用的自我介紹提到個人的事情，是為了讓對方對「我這個人」產生興趣。

如果只是過往的經驗或現在的活動等「公領域」的部分，很難掌握個人特質。就算有機會閒聊，卻不知道聊什麼，最後對話變成「今天的研修很棒」、「真的非常感謝

您」就結束話題,就算參加之後的慶功宴,也完全無法縮短距離。

因此,和自己有關的事是最佳的閒聊話題。從「喜歡公路車」這件事,對方可以稍微想像我的為人。即使對方只會騎普通的自行車,也能找到對話的線索。

在適度的範圍,適當地自我揭露

為了加深與他人的關係,「產生興趣→對話」是不可或缺的過程。想要營造對話的契機,比起傾聽對方說話,試著稍微說說自己的事是不錯的方法。

如果是不了解的對象,可能無法預測對方對於提問的反應。例如看到對方體格結實,所以問了「你有在做什麼運動嗎?」,對方聽了或許會覺得很煩,只回答「沒有」。反之,對方也可能會說「我很迷健美,我推薦你喝這個蛋白飲……」,面對這般熱情的回答,你也會感到困擾,不知如何回應。

為了避免這樣的情況,自己主動提供話題比較好。而且可以選擇話題,控制自我揭露的範圍,就算是短時間內也能聊得很起勁。

WORK

決定自我揭露的範圍

依照步驟 ① ~ ②,做好沒有心理負擔的溝通準備。

① 想一想接下來要交談的對象,不了解你的地方是什麼。

② 從①之中圈選出容易和對方聊起的事。

〔例〕

出身大阪	喜歡動漫	單親(母子)家庭
睡前會祈禱	有喜歡的女性	有哥哥和妹妹
其實很小氣	喜歡棒球	興趣是種盆栽

POINT

透過「周哈里窗」也有助於進行想像。周哈里窗是為了順利進行自我揭露與溝通的一種心理模式。參考圖片,以擴展自己知道、他人不知道的「隱藏我」進行自我揭露。

	自己知道	自己不知道
他人知道	開放我	盲目我
他人不知道	隱藏我	未知我

case 31

想休息卻無法請假

整頓能夠休息的環境
也是重要工作之一

休息和工作一樣重要

「我不在的話會人手不足」、「不想給公司添麻煩」，有些人因為這些理由無法請假。可是，就算是精神充沛、幹勁十足的人也無法不休息持續奔跑。

為了避免能量耗盡，重振精神的休假或累倒之前的休養和工作一樣重要。不過，為何會有「休息＝不好的事」這種感覺呢？

如果是獨自包辦進貨和銷售的個人商店，自己休假就無法開店；若是公司的話，就算社長住院，公司還是能夠營業，因為工作的進行不是依賴特定的某個人，而是要靠團隊合作。

因此，不必為了休息而感到罪惡。假如是有計畫的休假，事前調整工作進度；因為身體不舒服必須臨時請假的時候，盡可能早點聯絡，減輕周圍人的負擔，這樣就夠了。

與其「獨自堅持下去」，應該「多數人一起前進」

「無法休息的人」分為兩種類型，第一類的人只專注於眼前的工作，覺得「自己做比較快，做得好」，經常一手攬下工作。結果「很多事只有自己知道」，一旦休息就會妨礙工作，加上給周圍人添麻煩，讓自己感到心情低落……陷入

這樣的惡性循環。

　　這類型的人要注意的是，工作進行的「結構」。提醒自己每天的工作是由團隊分工處理，並非獨自進行。

　　第二類是責任感過度的人。其實就算自己休息，工作也不會受到影響，卻莫名擔憂「我這樣會給大家添麻煩」。

　　可是，請試著想想，==當同事休息的時候，你會覺得對方「給你添麻煩」嗎？==應該不至於對吧。就算工作量稍微增加，也會理所當然地去分擔同事的工作。

　　既然如此，在你休息的時候，不必覺得給周圍人添麻煩，把它想成是很平常的事，大家會理所當然地處理你的工作，這樣想並沒有錯。

　　公司需要的不是「只有你做得到的工作」，而是和其他成員合力完成，只要做好交給其他人也不會影響工作的心理準備，就能安心休息。

WORK
整理責任的範圍與工作的處理方式

依照步驟 ① ~ ③，別讓自己一手攬下所有工作。

① 針對目前著手的工作，思考自己的責任範圍到哪裡。

[例] 下個月之前要完成專案的資料。

責任範圍模糊不清的情況
向上司或前輩確認自己的工作責任到哪個程度。

[例] 我認為我負責的範圍到這裡，請問這樣對嗎？

② 當 ① 的工作進度延遲時，決定好「在期限之前無法完成」的判斷基準。

[例] 在期限的一週前，如果沒有完成八成會來不及。

③ 為了避免 ② 的情況，思考能夠預先做到的事。

[例] 在期限的兩週前請上司檢查，根據反饋進行調整。

case 32

工作上沒有獲得認可，
提不起勁

試著去想工作是「爲了自己」，感受就會有所轉變

是否被他人認可只是「結果」

在公司之類的組織工作，難免會被上司評價，而身為被評價的一方，有時會有無法認同的事。

這時候請試著這樣想，工作上的評價只是「結果」。上司看到了什麼，有怎樣的感受，只有他自己知道，你無法控制他的想法。當然，期待「獲得好的評價」本身並沒有錯，可是與其耗費心力改變上司的想法，改變自己的想法比較切合實際。

工作的目的是為了在公司裡獲得認可嗎？

我也是處於被上司評價的立場，得到好的評價當然會很開心，或許會加薪⋯⋯心中產生這樣的期待。話雖如此，我們並不是「為了上司」工作。

我思考自己為什麼要做這份工作？得到了明確的答案。我是想以護理師的身分，幫助有疾病或障礙的人。如今，幫助精神病患或其家人能夠以自己的步調生活是我從事照護的目的。也就是說，工作不是為了獲得上司的認可。

自己的努力沒有被上司認可，也許會覺得喪失鬥志，但一直想著「要得到上司認可」，就會迷失工作的目的，漸漸地覺得工作沒有意義。

暫時擱下上司的評價，試著重新確認工作的目的。深入探究工作的意義，也能了解自己的工作價值。這麼一來，工作表現會提升，上司應該也會認可你的表現。

改變目的，對工作的看法也會改變

那麼，該如何深究工作的意義呢？沒頭緒的人請參考下面的內容。

《伊索寓言》有一則三個砌磚工人的故事，有人問他們「你在做什麼？」，他們各自回道：「我在堆磚頭」、「我在賺錢養家」、「我在建造將會流傳後世的大教堂」。

即使是相同的工作，因為目的不同，認知也會有所轉變。透過深究工作的目的，你會知道工作的真正價值，不會再為了讓上司認可你的努力去工作。

WORK

思考自己的工作價值

依照步驟 ① ～ ②，重新確認自己的工作價值。

① 具體舉出自己正在做的工作內容。

② 針對①，以「我正在做○○（工作），結果○○（某人）得到○○（價值）」的方式思考工作的意義及其目的。

[例]

正在做的工作	工作的意義或目的
業務事務	製作文件或準備資料，幫助業務負責人減少文書工作，讓他有充足的時間向顧客好好介紹商品。

POINT

想不出來的人可以上網搜尋看看，例如用「整理文件 目的」、「會議管理 目的」等關鍵字去搜尋，可以得到客觀的想法作為參考。

case 33

害怕被人討厭

真的有
人見人愛的人嗎？

「人見人愛」會有怎樣的結果？

雖然是滿親近的朋友，在一起的時候卻覺得有疏離感，覺得自己在扮演對方期待的角色。感覺只有自己很在意，好像很吃虧，覺得很累……

為了那樣的感受而煩惱，也許是自己太拚命想讓所有人喜歡自己。當然，為對方著想，體貼待人很重要，但是過了頭就會越來越辛苦。

不是想被喜歡，而是不想被討厭

不過，為什麼要那麼努力讓別人喜歡自己呢？也許其實是「不想被討厭」吧？**比起「被喜歡」，也許是太在意「不想被討厭」。**

例如，就算自己不說別人的壞話，也會聽到別人被說壞話，或是在社群網站看到攻擊性的言論。接觸負面資訊的時候，也許自己會和某人一樣有相同的遭遇……產生了這樣的心情。於是，害怕被討厭的恐懼感，自然而然強化了「想成為被大家喜歡的人」這種念頭。

不過，就算有好惡之分，很少人會完全區分「喜歡這個人」、「討厭這個人」，對於沒辦法喜歡的人會去想「只是和我合不來，但他不是壞人」，通常不至於討厭對方。

捨棄讓自己痛苦的理想

　　也許你需要稍微想開一點，試著捨棄「被大家喜歡」的想法。雖然這麼說有點令人難過，但人格再完美的人，還是會有不喜歡他的人。

　　好比吃魚的方法，有些人喜歡吃生魚片，有些人喜歡吃烤魚。就像飲食有好惡之分，人也有合得來和合不來的人，這是很普通的事。

　　「被大家喜歡」必須很勉強自己才有可能實現。就算討厭吃生食，聽到對方說「很新鮮很好吃喔」，也許會硬著頭皮吃下去，不過那樣很痛苦對吧。與其這樣，不如和能夠輕鬆往來的人建立良好關係比較好不是嗎？

WORK

尋找「能夠輕鬆往來」的對象

依照步驟 ① ～ ③，尋找能夠輕鬆往來的對象。

① 想一想到目前為止，和某人產生共鳴時的感受。

[例] 很開心、很高興、心情好。

② 沉浸在 ① 的心情時，是和怎樣的人處於怎樣的關係。

[例]

怎樣的人	關係
和自己一樣喜歡動漫的人	聊得很起勁
青梅竹馬	彼此仔細傾聽對方說話

③ 為了增加像 ② 那樣的關係，具體舉出現在做得到的事。

[例]
- 造訪動漫聖地，尋找擁有相同興趣、能夠聊得來的人。
- 和無話不談的朋友度過悠閒的時光。

case 34

工作做不完,心情沉重

與其以終點為目標,先試著踏出一步

小事持續累積，就會變成「做不完的工作」

工作累積做不完這種現象經常發生在日常的小事，像是業務日報或結算交通費等，不少人應該心裡有數。

業務日報只要有心寫，五分鐘左右就能寫完，可是因為很忙很累、工作結束後還要趕著赴約，有時會想「明天再一起寫就好了」。

等到察覺的時候，已經累積了好幾天！如果是當天還可以依循記憶寫出來，若是幾天前的內容就必須確認手帳或筆記。越是延遲，工作就越會增加，壓力也隨之變大。

為了消除壓力，下班後去KTV盡情歡唱，心情變得輕鬆，覺得有來真好。可是隔天去了公司卻有堆積如山的工作等著自己……

比起消除壓力，有時必須先解決問題

為了累積的工作而煩惱時，有效的方法不是轉換心情，而是「解決問題的行動」。即使去唱KTV能消除壓力，一想到沒做完的工作就無法擺脫壓力。有效解決問題的方法，就是著手處理工作。與其煩惱「工作做不完」，思考如何有效率地做事，開始做「馬上做得到的事」很有效。

這時候不必思考如何做完累積的工作，先著手去做就是

解決問題的第一步。

試著降低開始工作的障礙

人的心情會隨著行動而改變，心想只是外出散步兩、三分鐘，開始走路後，心情變好，最後散步了三十分鐘，應該不少人有過這樣的經驗。

因此，就算提不起勁工作，著手去做很重要。剛開始就算「完成一張簡單的文件」也好，只要開了頭，有時甚至會一口氣完成累積了好幾天的文件。為了更容易開始工作，手段也很重要。好比業務的電郵，利用空檔時間用語音輸入記下要點，這麼一來之後的工作會變輕鬆，開始工作的障礙就會大幅下降。

我使用的手段是在家裡的辦公桌只放筆電，這麼做確實容易開始工作，不過，地板上也總是堆積大量的物品。相較於工作效率，被家人責罵的風險也會提高。

HINT

尋找有助於解決問題的行動

試著列出有助於解決問題的行動,如果有適合自己的做法,試著做做看。

工作

- 細分工作項目
- 和某人訴說想法,整理工作的順序
- 以「先做五分鐘」的心態處理文件
- 把筆電設定在能夠隨時啟動的休眠模式
- 在便利貼上寫下應該做的事,做完就撕掉

家事

- 邊聽喜歡的音樂或廣播邊做家事
- 不要想一次打掃整間屋子,先從局部開始
- 試著使用方便的工具
- 先準備好獎勵自己的美味點心

念書

- 在有別於以往的場所念書
- 先念擅長的科目
- 細分時間,設定計時器
- 和朋友互相報告進度

case 35

和棘手的人往來覺得心累

不必喜歡對方也沒關係，試著找找看不會覺得心累的應對方式

因為「以對方為重心」，所以覺得心累

　　這個人感覺很棘手⋯⋯有了這樣的想法往往會過度在意對方。例如，喜歡打扮的同事令你感到棘手，休息時間聚在一起總是在聊服裝，對那方面沒興趣的你，光是配合同事就覺得很累。

　　可是，為了和諧相處，經常得小心應對。累積這樣的精神疲勞，難免會心生不滿：「為什麼只有我必須顧慮對方！」於是，覺得對方很棘手的感受越來越強烈。

　　喜歡、討厭的感受是人類自然的反應，不必為此有罪惡感，也不必反省自己「已經是大人了，說話應該好好配合對方，卻連這點事也做不到⋯⋯」。為了不讓自己感到心累，==試著擺脫配合棘手的對象，「以對方為重心」的行為==。

事先準備面對棘手對象的應對方式

　　那麼，如何和棘手的對象相處呢？以結論來說，保持距離最理想。

　　不過，就算想那麼做也很難做到，應該不少人會這麼想。這時候，提醒自己採取不會產生心理負擔，乾脆俐落的應對方式即可。

　　如果是工作上有往來的對象，打招呼後傳達必要事項，

不需要閒聊。若是私底下認識的人，對方向你攀談的話，聊五分鐘就好；收到訊息的話，只回覆必要的內容就好。

只要表現出不失禮的態度，即使乾脆俐落也毫無問題。**事先準備幾個能夠輕鬆做得到的應對方式，屆時就能夠從容回應。**

冷靜保有「平常的自己」

或許有些人會因為對某人感到棘手，向周遭的人說對方的壞話，或是刻意表現出刁難的態度。

這樣的情況也是因為以對方為重心，失去了「平常的自己」。只要不過度在意棘手的人，自然不會過度否定對方。

無論對象是誰，保持平常真實的自己。認為自己「這樣就好」就是重視自己的行為。

HINT

爲了保有「平常的自己」的確認清單

和棘手的人相處時,爲了不否定對方,或是過度在意對方,確認自己的言行。

不否定對方的確認清單

- ☑ 用字遣詞有禮貌
- ☑ 確實傳達道歉或感謝
- ☑ 關於必要事項,仔細傾聽對方說話
- ☑ 不要刻意表現冷淡的態度
- ☑ 不要向第三者說對方的壞話
- ☑ 避免讓對方感到不悅的發言
- ☑ 尊重對方的立場或心情

不過度在意對方的確認清單

- ☑ 不要覺得無法配合對方是自己不好
- ☑ 不要勉強配合對方說話
- ☑ 不要用討好對方的心態採取行動
- ☑ 不要在對方面前掩飾自己

POINT

除了上述事項,以「是否做到符合一般常識」的觀點回顧自己的言行也是不錯的方法。

Epilogue
後記

　　2022年9月，我收到本書責編小向佳乃小姐的出書邀約，主題是讓心情稍微變開朗的轉換心情的方法，以及許多新想法的訣竅等。有些人因為沒被診斷患有精神疾病，所以沒有察覺內心的疲勞，或是不知道該怎麼處理。讓那些人覺得「這樣的話，我應該做得到」，或是可以自由翻閱的內容是本書的目標。

　　於是，我做了這樣的回覆：「重視自己，並且察覺自己是被重視的存在，在現今這個時代真的很重要。在不知不覺間累積受傷的體驗，忘了好好重視自己。最近還有人說，討厭的話，逃避就好了，偏偏逃不了。或是沒有察覺自己現在處於必須逃避的狀態，但心裡隱隱感覺不對勁，覺得『我這樣真的沒問題嗎？』。我們身邊有許多陷入這種處境的人，希望能做出一本適合他們閱讀的書。」

我曾詢問過接受居家照護的患者接受診斷前的過程，他們想到的並非某天突然出現症狀，而是內心不斷累積疲勞，生活出現障礙。雖然偶爾有出現急性症狀的人，但在症狀穩定之後，發現也是內心累積疲勞所致。基於這些實際經歷，多年來我思考著一件事，如果在自己做得到的情況下採取心理健康對策，也許能預防精神疾病。像是「向公司請假一個月」、「和朋友保持距離」等。當然，不是所有人都適合那麼做，即使採取對策，有些人仍會罹患精神疾病，或是無法消除內心的疲勞。不過，主動採取預防對策並不會徒勞無功，重點在於找回稍微「OK的自己」的過程。

　　收到小向編輯的來信時，我思考著這些事，心想多年來的課題也許能夠透過本書解決，所以很快就答應

了。由於我很難有充足的時間寫稿,小向編輯提出以採訪的形式進行,由小向編輯和撰稿人野口久美子小姐在線上向我提問,再將我的答覆彙整成原稿加以修潤。

雖然我有過雜誌的對談或網路媒體的受訪經驗,這還是第一次以受訪的形式完成一本書。不過,這麼做真是太好了。因為獨自寫稿時,我會想像讀者的疑問,但有時也會毫無頭緒。而且,我也擔心自己的想像和讀者的想像「也許會有很大的偏差」,所以經常需要借助編輯的力量,告訴對方「請您以一般讀者的眼光坦白說出意見」,後續產生的問題確實也很棘手。不過這次完全相反,編輯和撰稿人提出問題讓我回答後,再彙整成具體的內容。當然,那些並非即刻的答覆,需要進行調查,所以回答後如果有覺得「這裡的語意不太對」的部分就會修改,這也是必須做的事。

此外，製作練習遇到瓶頸時，我不會悶著頭苦思，而是詢問她們的意見：「在這種情況會有怎樣的感受呢？」再根據她們的回答製作練習。那些練習也是做了好幾種版本，再討論哪個比較好或是重新製作。過程中經歷的失敗與摸索，倘若只靠我自己一個人可能會感到受挫無法完成。

　　撰稿人野口小姐很有耐心地傾聽我說話，協助我將原稿整理成簡明易懂的文章。小向編輯將各個主題具體化，以及在本書完成九成的階段，配合主題描繪溫暖插畫的插畫家穗之湯。由衷感謝三位的協助，使本書成為想讓僵化的心稍微放鬆的人的指引。

　　希望本書能夠讓多一點人讀到，幫助他們活得輕鬆一點，這是身為作者的我最開心的事。

小瀨古 伸幸

國家圖書館出版品預行編目資料

把你的心,放在軟綿綿的地方:告別執著,活出不糾結的
輕盈人生 / 小瀨古伸幸 著 ; 連雪雅 譯. -- 初版. -- 臺北
市 : 平安文化有限公司, 2024. 11
--（平安叢書 ; 第 818 種）(Upward ; 165)
譯自:人生をゆるめたら自分のことが好きになった

ISBN 978-626-7397-85-3（平裝）

1.CST: 情緒管理 2.CST: 自我實現 3.CST: 生活指導

176.52   113015596

平安叢書第 0818 種
UPWARD 165

把你的心,
放在軟綿綿的地方

告別執著,活出不糾結的輕盈人生
人生をゆるめたら自分のことが好きに
なった

JINSEI O YURUMETARA JIBUN NO KOTO GA
SUKININATTA
©Koseko Nobuyuki&honoyu 2023
First published in Japan in 2023 by KADOKAWA
CORPORATION, Tokyo. Complex Chinese
translation rights arranged with KADOKAWA
CORPORATION, Tokyo through Haii AS
International Co., Ltd.

Complex Chinese Characters © 2024 by Ping's
Publications, Ltd.

作　　者—小瀨古伸幸
譯　　者—連雪雅
發 行 人—平　雲
出版發行—平安文化有限公司
　　　　　臺北市敦化北路120巷50號
　　　　　電話◎02-27168888
　　　　　郵撥帳號◎18420815號
　　　　　皇冠出版社(香港)有限公司
　　　　　香港銅鑼灣道180號百樂商業中心
　　　　　19字樓1903室
　　　　　電話◎2529-1778　傳真◎2527-0904

總 編 輯—許婷婷
執行主編—平　靜
責任編輯—張懿祥
美術設計—單　宇、黃鳳君
行銷企劃—謝乙甄
著作完成日期—2023年
初版一刷日期—2024年11月

法律顧問—王惠光律師
有著作權・翻印必究
如有破損或裝訂錯誤,請寄回本社更換
讀者服務傳真專線◎02-27150507
電腦編號◎425165
ISBN◎978-626-7397-85-3
Printed in Taiwan
本書定價◎新臺幣340元/港幣113元

● 皇冠讀樂網：www.crown.com.tw
● 皇冠 Facebook：www.facebook.com/crownbook
● 皇冠 Instagram：www.instagram.com/crownbook1954
● 皇冠蝦皮商城：shopee.tw/crown_tw